CARTE DE BUCETE A AROMULUI DIETA A ANIMALELOR NUTRE

100 DE REȚETE SIMPLE ȘI GUSTOASE DE CARNE DE VÂNAT

COSTELIA DRAGAN

Toate drepturile rezervate.

Disclaimer

Informațiile conținute în această carte electronică sunt menite să servească drept o colecție cuprinzătoare de strategii despre care autorul acestei cărți electronice a făcut cercetări. Rezumatele, strategiile, sfaturile și trucurile sunt doar recomandări ale autorului, iar citirea acestei cărți electronice nu va garanta că rezultatele cuiva vor oglindi exact rezultatele autorului. Autorul cărții electronice a depus toate eforturile rezonabile pentru a oferi informații actuale și exacte pentru cititorii cărții electronice. Autorul și asociații săi nu vor fi făcuți la răspundere pentru orice eroare sau omisiuni neintenționate care pot fi găsite. Materialul din cartea electronică poate include informații de la terți. Materialele terților cuprind opinii exprimate de proprietarii acestora. Ca atare, autorul cărții electronice nu își asumă responsabilitatea sau răspunderea pentru orice material sau opinii ale terților.

Cartea electronică este copyright © 2022 cu toate drepturile rezervate. Este ilegal să redistribuiți, să copiați sau să creați lucrări derivate din această carte electronică, integral sau parțial. Nicio parte a acestui raport nu poate fi reprodusă sau retransmisă sub nicio formă, fără permisiunea scrisă exprimată și semnată din partea autorului.

CUPRINS

CUPRINS..4
INTRODUCERE..8
    Joc de mâncare..9
    Carne de vânat populară..10
VÂNAT..13
    1. Fripturi de cerb..14
    2. Elan sacadat..16
    3. Salată de căprioară-spanac..................................19
    4. Dovleac la grătar și cârnați de bere....................22
    6. Caserola Injera...28
    5. Pepite de venă cu curry.....................................31
    6. Supă de perisoare de căprioară.........................34
    7. Tocană de căprioară..37
    8. Venison Jerky...40
    9. Cerb la grătar...42
    10. Cuburi de vânăt înăbușit.................................44
    11. Chili cu carne de cerb......................................47
    12. Texas Chili..51
    13. Supă de căprioară..54
    14. Buck și Bourbon..57
    15. Friptură de căprioară sau de elan....................60
    16. Cârnați de joc..62
    17. Cârnați de căprioară..65
    18. Brochete de cerb picant..................................67
    19. Compania Tocană de căprioară......................70
    20. Salam de cerb..73
    21. Inimi umplute...75

PORC MISTRET..**78**

    22. Cotlet de mistret....................................79
    23. Mistret fript..81
    24. Tocană de mistreți cu afine...................84
    25. Ragù de mistret....................................87
    26. Mistret pentru gătit lentă.....................90
    27. Mistret înăbușit cu sos de citrice și salvie................93

CAMOISĂ..**97**

    28. Picior de capră sub-vide.......................98
    29. curry de capră....................................101

FEZANT...**105**

    30. Fazan la cuptor cu marinada...............106
    31. Fazan înăbușit....................................108
    32. Caserolă cu mere și fazani..................110
    33. Fazan în smântână.............................112
    34. Fazan la grătar...................................114
    35. Fripturi de fazan.................................117
    36. Fazan de parmezan............................119
    37. Fazan înăbușit cu ciuperci...................122
    38. Fazan prăjit cu grăsime......................124
    39. Sânii de fazan în orez.........................126
    40. Fondue de fazani................................128
    41. Bilele de fazan....................................130
    42. Supă de fazan și orez..........................132
    43. Sufleu de fazan...................................135
    44. Plăcintă cu oală cu fazan....................138
    45. Fazan Ala King....................................141
    46. Pâine de fazan....................................144
    47. Crochete de fazani..............................146
    48. Pate de fazani.....................................149
    49. Hash de fazan.....................................152

RAȚĂ 154

    50. Rață la Peking 155
    51. Rață întregă afumată 158
    52. Rață cu fundul negru 161
    53. Rață friptă picant 163
    54. Rață sălbatică în marinată de soia 165
    55. Filete de rață 167
    56. Rață la grătar din Texas 169
    57. Duck Gumbo 171

PORUBELE 174

    58. Porumbel înăbușit în legume 175
    59. Porumbei la gratar 178
    60. Porumbel înăbușit cu orez sălbatic 180
    61. Porumbei cu orez la Marsala 183
    62. Sâni de porumbel la grătar 185

PREPELIȚĂ 187

    63. Texas Quail 'N Bacon 188
    64. Prepeliță peste fâșii de legume și șuncă ... 190
    65. Prepeliță umplută 192
    66. Prepeliță pe un pat de praz 194
    67. Prepelita cu smantana si bacon 197

IEPURE 199

    68. Plăcintă cu brânză de iepure 200
    69. Iepure la gratar cu legume 203
    70. Un fel de mâncare Iepure și cartofi dulci ... 206
    71. Iepure creole 209
    72. Pulled Barbeque Rabbit 212
    73. Tacos de iepure tras 215

GÂSCĂ 218

    74. Gâscă de zăpadă cu curry verde 219

75. Fajitas de gâscă de zăpadă..........222
76. Gâscă de zăpadă în pesto..........225
77. Gâscă de zăpadă prăjită..........227
78. Medalioane de gâscă de zăpadă..........229
79. Friptură de gâscă de zăpadă..........232
80. Gâscă de zăpadă Gumbo..........234
81. Gâscă de zăpadă din Sichuan..........238
82. Tocană de gâscă de zăpadă..........241
83. Cotlet de gâscă de zăpadă..........244
84. Gâscă de zăpadă condimentată..........246
85. Gâscă de zăpadă Runza..........249
86. Plăcintă cu gâscă de zăpadă..........252
87. Gâscă de zăpadă hawaiană afumată..........255
88. Cassoulet de gâscă de zăpadă..........258
89. Caserolă cu gâscă de zăpadă și orez sălbatic..........261
90. Coadă de castor mărunțită și prăjită..........265

BIZONI..........267

91. Chif de carne de bizon..........268
92. Bizonul Stroganoff..........271
93. Orez murdar de bizon..........274
94. Bizoni macinati si tocanita de legume..........277
95. Tigaie de zimbri..........280
96. Friptura Salisbury..........283

MARINADE..........288

97. Sos Hunter..........289
98. Marinadă pentru vânat..........291
99. Minunata Marinada..........293
100. Dip dulce-fierbinte pentru carne de căprioară..........295

CONCLUZIE..........297

INTRODUCERE

Joc de mâncare

Carnea de vânat de la animale sălbatice este delicioasă, cu conținut scăzut de grăsimi și durabilă. Îmbunătățită de aromele naturale ale animalelor alimentate, carnea de vânat este în general mai aromată decât carnea de fermă. Jocul de gătit poate fi simplu și gustos, indiferent dacă l-ați vânat singur sau l-ați obținut de la un măcelar sau un dealer bun de vânat precum Wild Meat Company.

Mulți oameni sunt amânați de mâncare de vânat care poate fi prea agitată – nu trebuie să fie! Utilizați fazan în loc de pui într-un curry sau prăjiți piept de potârnică pentru o cină rapidă în timpul săptămânii. Faceți un ragu de iepure delicios în loc de carnea de vită obișnuită sau răsfățați-vă cu o friptură de căprioară, mai degrabă decât carne de vită, în weekend.

Această carte își propune să vă inspire să gătiți vânat mai des și să vă arate cât de simplu și delicios poate fi.

Carne de vânat populară

A. **Fazan**: Probabil cea mai populară și răspândită pasăre de vânat este fazanul. Păsările tinere sunt delicioase atunci când sunt prăjite, în timp ce păsările mai în vârstă pot fi fierte, fierte sau prăjite la oală. Dacă sunteți începător în ceea ce privește jocul de gătit, începeți cu fazanul, deoarece are o aromă dulce, pământească, care nu este copleșitoare.

B. **Cocoș de cocoș:** Considerată de mulți ca fiind cea mai bună pasăre de vânat care există. Are carne roșie întunecată, bogată și un gust intens, care rezistă bine la aromele puternice. Puteți să-l păstrați simplu și să prăjiți cu mult unt la temperatură ridicată.

C. **Rață:** Rața sălbatică, inclusiv mallard, porumbel și teal, sunt disponibile toamna și iarna, dar este cel mai probabil să întâlniți mallard. Rața sălbatică are o bogăție care se pretează la o varietate de feluri de mâncare, cu mai puțină grăsime și o aromă mai puternică decât rața de crescătorie.

D. **Gâscă:** Gâsca sălbatică are o carne întunecată bogată și emană un parfum puternic în timpul gătirii. Măcelarii și vânzătorii de vânătoare nu au voie să vândă gâscă sălbatică, așa că, dacă doriți să încercați una, va trebui fie să vă împușcați pe a ta, fie să vi se ofere una de către cineva care are!

E. **Vânat:** Cu carne slabă, cu conținut scăzut de grăsimi, vânatul este o alternativă din ce în ce mai populară la alte cărnuri roșii. Venatul sălbatic are un avantaj față de cel de crescătorie, având carne roșie închisă cu aromă bogată rezultată din dieta sa variată și naturală. Diferitele specii de căprioare variază în aromă și textură, cu pârghia având o textură mai fină decât roșul puternic, în timp ce micul muntjac are cea mai blândă aromă.

F. **Iepure:** Iepurele sălbatic este una dintre cele mai gustoase și mai abundente cărni de vânat care există și ar trebui să mâncăm mai mult din el! Este foarte scăzut de grăsimi. Oamenii îl aseamănă cu puiul, dar de fapt iepurele sălbatic este mai puternic aromat cu o carne mai închisă. Iepurii tineri pot fi prăjiți întregi, iar carnea ruptă, cei mai în vârstă (cel mai bun indicator este mărimea) pot fi mai tari și sunt mai bine înăbușiți sau gătiți lent într-o tocană sau curry.

VÂNAT

1. Fripturi de cerb

Ingrediente:

- 3 T. făină
- 1½ t. sare
- ¼ t. frunze de maghiran
- 6 fripturi de căprioară, tăiate din rotund
- Grăsime pentru prăjit
- 1 ceapa mica, curatata de coaja
- 4 morcovi medii, decojiti
- ½c. țelină tăiată cubulețe și blat 1½ c. ciorba de vacuta

Directii:

a) Se amestecă făina, sarea și maghiranul; frecați peste carne. Rumeniți fripturile în grăsime fierbinte în tigaie sub presiune. Adăugați legume și bulion; acoperiți și gătiți la 10 lbs. Presiune 20 până la 30 de minute sau conform instrucțiunilor producătorului. Se răcește în mod normal 5 minute, apoi se pune tava sub apă rece pentru a reduce rapid presiunea.

b) Îngroșați lichidul pentru sos frecând legumele prin sită, moară sau blender. Porți 6.

2. **Elan sacadat**

Ingrediente:

- 2 kilograme de elan slab
- ½ cană sos Worcestershire
- ¼ cană melasă cu curele negre
- ¼ cană sos de soia închis
- 1 lingurita coaja de lamaie rasa fin
- 1 linguriță de semințe de chimen
- 8 păstăi de cardamom, crăpate
- 3 catei de usturoi, tocati marunt
- Ulei de gatit neutru

Directii:

a) Îndepărtați cât mai multă grăsime din carne și congelați carnea timp de 20 până la 30 de minute pentru a fi mai ușor de feliat. Cu un cuțit foarte ascuțit, tăiați carnea cât mai subțiri posibil ¼ până ⅓ inch grosime.

b) Într-un castron mare, amestecați sosul Worcestershire, melasa, sosul de soia, coaja de lămâie, semințele de chimen, cardamomul și usturoiul.

c) Puneți carnea tăiată în bol, câte o bucată, pentru a vă asigura că fiecare bucată este acoperită complet în saramură. Lăsați carnea să stea în marinadă timp de 90 de minute. Scoateți carnea și aruncați marinada. Acum este timpul să uscați carnea fie la cuptor, fie cu un deshidratator de alimente.

3. Salată de căprioară-spanac

Servici 2

Ingrediente:
Vinaigretă:

- 1 cana capsuni tocate
- 2/3 cană ulei de măsline extravirgin
- 1/2 cană oțet alb distilat
- 2 catei de usturoi, tocati
- 1 1/2 linguriță de semințe de mac
- 1 lingurita sare
- Piper negru proaspăt măcinat după gust

Vânat

- 1 friptură de căprioară
- Sare si piper dupa gust
- 3-4 căni de frunze de spanac baby
- 1 cană căpșuni feliate

- 1/4 cană migdale feliate

Directii:

a) Pregătiți grătarul pe mediu-mare.

b) Asezonați carnea de căprioară cu sare și piper și grătar aproximativ 5 minute pe fiecare parte sau până când este gătită la nivelul dorit. Lăsați vânatul să stea 10 minute, apoi feliați.

c) Se amestecă spanacul cu căpșuni și se pune pe farfurii. Presărați migdalele și acoperiți cu căprioară feliată.

d) Stropiți vinegreta peste salată și serviți imediat.

e) **Pentru vinagretă:** Combinați toate ingredientele într-un robot de bucătărie sau blender și faceți piure până la omogenizare.

4. Dovleac la grătar și cârnați de bere

Randament: 1 porție

Ingrediente:

- 1 sticlă de bere ale
- 4 uncii de dovleac; proaspete sau conservate
- 1 uncie usturoi; Cuburi
- 1 uncie sirop de arțar pur
- 2 legături pentru fiecare rață; străpuns cu o furculiță
- 2 legături căprioară; străpuns cu o furculiță
- 2 legături cârnați de pui; străpuns cu o furculiță
- 1 ceapa rosie mica; Segmentat subțire
- 1 lingura de unt
- Sare
- Piper
- 1 Bulb de fenicul; ras
- 1 uncie Fiecare brânză saga bleu

- 1 uncie stilton englezesc
- 1 uncie Gorgonzola

Directii:

a) Se amestecă porter, dovleacul, usturoiul și siropul de arțar și se toarnă peste cârnați.

b) Scoateți cârnații din saramură și prăjiți într-un grătar la 500 de grade timp de 10 minute. Segmentați și grătar până când este gata.

c) Se caleste ceapa in unt la foc mic pana devine moale si translucida. Asezonați cu sare și piper

5. **File de kudu fript cu umplutură de boerewors**

Randament: 1 porție

Ingredient

- File de Kudu
- 500 de grame de carne de căprioară
- 200 grame carne de porc
- 125 de grame de grăsime de rinichi de miel
- 1 lingurita Sare
- 1 lingură semințe de coriandru prăjite zdrobite
- 50 mililitri de vin roșu
- 50 mililitri de otet de malt
- 1 praf cuișoare măcinate
- 1 praf de cimbru
- 1 praf de oregano
- 2 șalote banane; tăiate mărunt
- 200 mililitri Pinotage
- 200 mililitri Demi-glace

Directii:

a) Tocați carnea de căprioară, porc și grăsimea împreună, asigurându-vă că nu este prea fină.

b) Combinați toate ingredientele, amestecând bine și lăsați deoparte.

c) Curățați bine fileul de kudu și împărțiți-l pe mijloc. Îndoiți și împachetați cu boerewors, îndoiți carnea înapoi și legați-o cu sfoară. Ungeți pe exterior sare și piper cu puțin ulei de măsline.

d) Pentru a găti, puneți-l într-o tigaie fierbinte sau pe un grătar, întorcându-l frecvent și lăsați să se gătească până când boerewors se întărește. Se feliază gros și se servește.

e) Pentru sosul pinotage, transpirați eșalota tăiată mărunt și adăugați puțin câte puțin vinul roșu (pinotage), lăsându-l să se reducă cu cel puțin două treimi. Adăugați demi în vin încet până obțineți o consistență groasă și închisă la culoare. Verificați gustul și serviți.

6. Caserola Injera

Porții: 2

Ingrediente

- 2 kilograme de căprioară, tăiată în bucăți mici
- 1 Injera ruptă în bucăți
- ¾ lingurita sare
- 40 de grame (⅓ cană) de ceapă mov tăiată cubulețe
- 2 linguri ulei de masline
- 1 lingura de usturoi tocat
- ⅓ cană apă
- 1 cană de fasole verde
- 2 linguri de vin alb sec
- 1 lingura + 1 lingurita pasta berbere
- 1 lingura pasta de rosii
- 10-15 curmale foarte moi, însămânțate și tăiate la jumătate sau tăiate

Directii

a) Într-o tigaie mare, adăugați ulei de măsline și gătiți carnea de căprioară și ceapa până când carnea nu mai devine roz; scurgere. Adăugați fasolea și sarea.

b) Transferați pe un 13x9-in uns. vas de copt. Aranjați Injera deasupra.
c) Combina usturoiul, apa, vinul alb, pasta de berbere si pasta de rosii intr-un castron; se toarnă peste tortilla. Se presară cu brânză.
d) Coaceți, descoperit, la 350° timp de 25-30 de minute sau până când se încălzește.
e) Adăugați curmalele și gătiți încă un minut.

5. Pepite de venă cu curry

Ingrediente

- 1 kilogram de căprioară, tăiată în bucăți
- 4 linguri pasta de curry rosu thailandez
- 1 ou mare
- ulei pentru prajit
- Pâinerea
- 1/2 cană parmezan ras
- 1/2 cană panko de porc
- 1/2 linguriță de sare condimentată de casă

Chipotle Ranch Dip

- 1/4 cană maioneză
- 1/4 cană smântână
- 1 lingurita pasta de chipotle dupa gust
- 1/2 linguriță de sos de casă și amestec de dip
- 1/4 lime medie, suc

Directii

a) Pentru Chipotle Ranch Dip: Combinați toate ingredientele, amestecați bine

b) Combinați Panko de porc, parmezan și sare condimentată.
c) Bateți 1 ou și pasta de curry într-un bol și amestecul de pâine în altul.
d) Înmuiați bucăți de friptură în ou, apoi pane. Așezați pe o tavă sau farfurie tapetată cu hârtie de ceară.
e) Congelați mușcăturile de friptură crudă pane timp de 30 de minute înainte de prăjire.
f) Încinge uleiul la aproximativ 325 de grade F și prăjește nuggetele de friptură până se rumenesc, aproximativ 2-3 minute.
g) Transferați pe o farfurie căptușită cu un prosop de hârtie, asezonați cu un strop de sare și serviți cu Chipotle Ranch.

6. Supă de perisoare de căprioară

Ingrediente:

- ½ kilograme de căprioară slabă sau miel,
- Pământ de două ori
- ½ cană orez fiert, grâu măcinat
- ¼ cană ceapă tocată mărunt
- ¼ cană pătrunjel tocat mărunt
- 2 conserve bulion de pui condensat
- 2 bidoane de apă
- ⅓ ceașcă de suc de lămâie
- 2 oua
- Sare piper

Directii:

a) Combinați primele patru ingrediente. Formați bile de ¾ inch. Se încălzește bulionul și apa până la punctul de fierbere. Adăugați chiftele; fierbeți 15 până la 20 de minute. Intr-o supa se bate sucul de lamaie si ouale pana se omogenizeaza.

b) Se bat treptat în bulion fierbinte. Adăugați chiftele la sfârșit. Se condimentează după gust cu sare, piper.

7. Tocană de căprioară

Ingrediente:

- 2 lbs. Carne de tocană de căprioară, tăiată în cuburi de 1½ inch
- 3 T. grăsime
- 4 c. apă clocotită
- 1 T. suc de lamaie
- 1 t. sos Worcestershire
- 1 catel de usturoi
- 1 ceapă mare, tăiată felii
- 2 foi de dafin
- (optional: 2 l. sare sau dupa gust)
- 1 t. zahăr
- ½ t. piper
- ½ t. paprika
- Strop de ienibahar măcinat
- 6 morcovi, feliați
- 12 cepe albe mici, curatate de coaja
- 3 cartofi, curatati de coaja si taiati cubulete mari

Directii:

a) Se caleste carnea pe toate partile in grasime fierbinte pana se rumeneste.

Adăugați apă și toate ingredientele, cu excepția celor trei legume. Acoperiți, fierbeți 2 ore amestecând din când în când pentru a nu se lipi (sau coaceți într-un cuptor lent - 300-325/F) timp de 2 ore.

b) Îndepărtați frunzele de dafin și usturoiul. Adăugați morcovii, ceapa și cartofii. Acoperi. Continuați să gătiți încă 30 de minute sau până când legumele sunt gata. Îngroșați lichidul pentru sos. Porții 6-8.

8. Venison Jerky

Ingrediente:

- 2 lb. căprioară slabă, tunsă din toată grăsimea
- ½ c. sare de murat ¼ c. zahar brun
- ½ t. piper negru
- ½ t. praf de usturoi

Directii:

a) Tăiați fâșii de carne cât mai subțiri; inch sau mai puțin cu 4-6 inci lungime. Combinați ingredientele rămase pentru a face o saramură uscată. Rulați rapid bucățile în soluție de saramură uscată și puneți-le pe grătar în afumător. Temperatura în afumător ar trebui să rămână între 75 și 95/ timp de 10-12 ore sau pănă când benzile sacadate se rup când sunt îndoite.

b) Jerky poate fi vindecat fără amestec de sare sau saramură. Poate fi uscat simplu, doar că va dura mai mult pentru a fi suficient de uscat. Saramura de sare va permite sacadatului să se păstreze mai mult timp.

9. Cerb la grătar

Ingrediente:

- 1-28 oz. sos la gratar preparat in sticla
- 1 cană de ketchup
- 2 T. savura murată
- 1 cană bulion de vită sau suc de tigaie friptură de căprioară
- 1 ceapa mica, tocata
- 2 ramuri de telina, tocate
- 2 lbs. friptură de căprioară gătită

Directii:

a) Amestecați toate ingredientele, cu excepția vânatului, într-o cratiță mare. Gatiti la foc mic aproximativ 30 de minute sau pana cand sosul devine gros.

b) Tăiați friptura de crupă în sosul care clocotește și fierbeți până când carnea este încălzită.

c) Face 5 porții de 2 sandvișuri consistente de persoană.

10. Cuburi de vânat înăbușit

Ingrediente:

- 2 lb. carne tocană de căprioară Făină pentru dragare
- Gras
- 2 cepe medii, tăiate
- 2 catei de usturoi taiati fin
- 2 t. brânză Cheddar rasă
- 2 t. sare
- $\frac{1}{2}$ t. piper
- 2 c. apă
- 5 t. sos pentru grătar
- 1 cutie mică de ciuperci sau $\frac{1}{4}$ lb. ciuperci feliate (opțional)

Directii:

a) Îndepărtați orice grăsime vizibilă din carne. Tăiați carnea în cuburi de 1 inch; dragați în făină și rumeniți în grăsime fierbinte.

b) Adăugați ceapa și usturoiul; rumeniți ușor. Adăugați brânză sare, piper, apă și sos de grătar.

c) Acoperiți și fierbeți aproximativ 1 oră și 30 de minute; amestecați din când în când pentru a preveni lipirea. Adăugați ciupercile înainte de a îngroșa sosul.

11. Chili cu carne de cerb

Ingrediente:

- ½ lb. fasole pinto sau roşie
- 4 lbs. carne de căprioară tocată grosier (gât, flanc, farfurie, piept, rotund, spate, tulpină) 1½ t. seminţe de chimen
- ½c. suif tocat sau burtă tăiată în fâşii julienne
- 6 cepe de marime buna, tocate
- 2-4 catei de usturoi, tocati
- 1 t. oregano
- 3 T. pudră de chili proaspăt
- 1 cutie mare de roşii italiene decojite
- 1 cutie mică de ardei iute verzi
- Sare si piper
- O strop de sos Tabasco (optional)
- 2 T. instant masa harina sau faina de porumb

Directii:

a) Se spală fasolea, se acoperă cu apă proaspătă rece, se aduce la fiert şi se fierbe 2 minute; se lasa sa stea, bine acoperit, 1 ora. Pregătiţi carnea (tăierile de tocană sunt cele mai bune dacă nu sunt grăsimi) tăind-o în cuburi de 1 inch.

b) Pune semințele de chimen într-o tigaie la foc mediu și ține-le în mișcare până când se afumă și devin de culoarea pâinei prăjite; apoi întindeți-le pe o suprafață plană și zdrobiți-le cu sucitorul. Acum topește piciorul sau burta de scroaf într-o tigaie mare; puteți înlocui suficient ulei vegetal sau altă scurtare pentru a acoperi fundul tigaii, dar veți pierde aroma de carne.

c) De îndată ce grăsimea este întărită sau începe să sfârâie, adăugați bucăți de carne pe rând și prăjiți, întorcând cuburi pentru a sigila toate părțile.

d) Reduceți focul și adăugați ceapa și usturoiul, amestecând din când în când până când ceapa devine translucidă. Adăugați semințe de chimion uscate, oregano și cea mai proaspătă pudră de chili pe care o puteți obține; se amestecă pentru a acoperi carnea cu condimente, se adaugă roșii și ardei iute verde și se aduce la punctul de fierbere, apoi se reduce focul la fiert.

e) Aduceți din nou fasolea la înmuiat la fierbere și lăsați să clocotească aproape imperceptibil până când sunt fragede - 30 de minute până la o oră, în funcție de fasole.

f) Între timp, urmăriți amestecul de carne pentru a vedea că nu se usucă prea mult, adăugând apă sau bulion după cum este necesar pentru a menține o consistență destul de fluidă. Gustați pentru condimente, adăugând sare și piper, dacă este necesar, și un strop de Tabasco, după cum decret papilele dvs. gustative.

g) După aproximativ 1 oră și jumătate (timpul va depinde de calitatea și duritatea bucăților de căprioară) probați carnea; dacă este fraged, îndepărtați excesul de grăsime - sau lăsați-l la frigider peste noapte pentru a lăsa grăsimea să se coaguleze pentru a o îndepărta ușor. Adăugați masa harina pentru îngroșare.

h) Apoi combinați chili cu fasole fiartă, aduceți înapoi la punctul de fierbere și lăsați aromele să se topească pentru încă 30 de minute.

12. Texas Chili

Ingrediente:
- 2 lbs. carne de tocană de căprioară
- 1 lb. carne slabă de porc sau javelina, tăiată sau măcinată
- ½ c. ulei de gatit
- 2 cepe mari, tocate
- 3 catei de usturoi, tocati
- 6 c. supa de vita
- 6 T. chili pudră 1 t. semințe de chimen, zdrobite
- Sare si piper

Directii:

a) Într-un cuptor olandez, încălziți uleiul și căleți ceapa și usturoiul timp de cinci minute; apoi pune deoparte. Se rumenește carnea și se toarnă uleiul.

b) Puneti ceapa si usturoiul la cuptor si adaugati supa de vita, pudra de chili si semintele de chimen. Se amestecă și se aduce la fierbere.

c) Reduceți căldura, acoperiți și fierbeți timp de cel puțin o oră. Adăugați puțină sare după gust. Adăugați piper dacă este necesar. Mai fierbeți câteva minute și serviți.

13. Supă de căprioară

Ingrediente:
- 2 sau 3 lbs. oase de căprioară cu puțină carne
- 1-16 oz. pachet. Supa de legume congelate
- 1 T. patrunjel
- 1 catel de usturoi, tocat
- Sare si piper
- 1-16 oz. cutie de rosii

Directii:

a) Puneți oasele într-un cuptor olandez și acoperiți-le abia cu apă. Se fierbe timp de două ore. Scoateți oasele și scoateți carnea rămasă cu o furculiță. Tăiați cubulețe orice bucăți mari. Păstrați trei căni de bulion și aruncați restul.

b) Se adauga carnea, legumele congelate, patrunjelul, usturoiul, sare si piper. Pasează sau toacă roșiile și pune-le în oală, împreună cu sucul din cutie.

c) Se amestecă, se aduce la fierbere rapidă. Reduceți focul la foarte mic, acoperiți strâns și fierbeți timp de o oră. Adăugați puțină apă dacă este necesar.

d) Apoi mai adaugam putin piper si servim.

14. Buck și Bourbon

Ingrediente:
- 2-2½ lbs. carne de căprioară, tăiată în cuburi de 1½".
- 5 T. făină
- 1 t. sare
- ¼ t. piper
- 1½ l. ulei sau untură
- 2 cepe medii, taiate cubulete
- ½ c. ardei verde tocat
- 2 catei de usturoi, taiati cubulete
- 1 cană sos de roșii, conservat sau de casă
- ½ t. cimbru sau rozmarin zdrobit (sau ambele)
- 3 oz. bourbon
- ½ c. apa cu cubul de bulion

Directii:

a) Într-o tigaie (cu capac pentru utilizare ulterioară) se rumenesc la foc lent spre mediu cuburile de carne agitate sau rulate în făină, sare și piper. Nu inghesui bucatile de carne, ci se rumenesc in ulei sau untura si se scot pe masura ce sunt gata, apoi se da deoparte.

b) Căleți ceapa, ardeiul verde și usturoiul în aceeași tigaie până când se înmoaie.

c) Adăugați cuburi de carne rumenită și ingredientele rămase, acoperiți și fierbeți încet timp de aproximativ 1 oră și jumătate.

15. Friptură de căprioară sau de elan

Ingrediente:

- 4-5 cepe
- 3 ardei verzi
- 18-20 de ciuperci
- ¼ lb. unt
- 2 foi de dafin
- 3-4 lb. fripturi de căprioară sau de elan, 1½-2" grosime Sare și piper
- 4 căței de usturoi, zdrobiți

Directii:

a) Taiati cubulete ceapa, ardeiul verde si ciupercile. Luați o tigaie din fontă și prăjiți-le în unt cu foile de dafin. Apoi luați friptura și frecați sare, piper și căței de usturoi zdrobiți

b) în carne pe ambele părți. Se prăjește cu ceapă și ardei. Nu gătiți prea mult, deoarece acest lucru îl va face tare.

16. Cârnați de joc

Ingrediente:

- 1 ceapa mica, tocata
- 2 catei de usturoi, tocati
- 6 oz. spinare de porc, tăiată în bucăți
- 1 cană de sherry uscat
- ½ lb. flancul roșu de joc
- ½ lb. carne tocană de căprioară ¼ c. patrunjel tocat 1 t. cimbru
- 1 T. sare cușer
- ½ t. piper negru măcinat grosier
- 1 T. sos Worcestershire
- 2 t. sămînță de fenicul
- 2 t. chimen
- Un praf de salpetru
- Inveliș pentru cârnați, înmuiat timp de 30 de minute la cald
- apă

Directii:

a) Căleți încet ceapa și usturoiul în fatback până când sunt moale și aurii. Adăugați sherry și gătiți mai repede 4-5 minute.

b) Tăiați cele două cărnuri în bucăți aspre și apoi puneți în robotul de bucătărie sau prin lama medie a unei râșnițe împreună cu amestecul de ceapă-usturoi și ingredientele rămase.

c) Prăjiți o bucată din acest amestec și gustați pentru a vedea dacă este suficient de condimentat; daca nu, corect. Dacă nu aveți un umplutor de cârnați, utilizați o pungă de plastic.

d) Glisați o lungime a carcasei înmuiate în sus peste pâlnie. Faceți un nod la capătul îndepărtat. Forțați umplutura prin pâlnie. După ce carcasa este plină de aproximativ $2\frac{1}{2}$ inci, răsuciți-o și legați-o, apoi continuați până când carnea de cârnați este epuizată. Faceți un nod la capătul carcasei.

e) PENTRU GĂTIT: Se fierbe cârnații în apă până să se acopere, sărați ușor și piperați. Ar trebui să fie gătite în 15 minute.

17. Cârnați de căprioară

Ingrediente:

- 10 lb. căprioară
- 10 lb. carne de porc
- ¼ lb sare
- 4 sau 5 căței de usturoi, zdrobiți
- 3 T. ardei rosii macinati
- 8 T. salvie frecat
- 4 lb. înveliș pentru cârnați

Directii:

a) Măcinați carnea de căprioară și porc împreună o dată, adăugați condimente, amestecați și măcinați încă de două ori. Umpleți carnea în bule, care au fost spălate bine, sau transformați în chiftelute.

b) Când serviți, lăsați aproximativ ½ lb de persoană. Puneți într-o tigaie grea cu suficientă apă pentru a acoperi fundul tigaii. Gatiti acoperit la foc mediu-mic, 30-45 de minute. Scoateți capacul și rumeniți. Face aproximativ 40 de portii. Păstrați la congelator.

18. Brochete de cerb picant

Ingrediente:

- 1½ până la 2 lb. căprioară, tăiată în cuburi de 1".
- ¾ c. sos de salată italian îmbuteliat
- ¼ c. suc de lămâie
- 1 T. Sos Worcestershire
- ¼ c. ceapa verde tocata
- 2 ardei verzi mici, tăiați în jumătate și sferturi
- 1 ceapă medie, tăiată felii
- 8 ciuperci proaspete
- 8 roșii cherry

Directii:

a) Combinați dressingul, sucul de lămâie, Worcestershire și ceapa într-o tavă de sticlă. Adăugați carnea, acoperiți și marinați la frigider, întorcând carnea ocazional timp de 4 ore sau peste noapte.

b) Pe frigarui de kabob, fir de ardei gras, carne de caprioara, ceapa, ciuperci, repetati incepand cu ardeiul gras.

c) Ungeți cu marinada rămasă. Puneți broșele pe grătarul de gătit sau pe cărbune (un strat) și gătiți aproximativ 10 minute, întorcându-le ocazional.

d) Acoperiți cu roșii cherry, întoarceți brocheta, ungeți cu marinată și gătiți încă 5 minute sau până la fierbere dorită.

e) Face 4 porții (2 broșe fiecare).

19. Compania Tocană de căprioară

Ingrediente:
- 6 oz. slănină slabă
- ¾ c. făină ½ l. făină t. piper
- 3 lb. 4 oz. căprioară, cuburi
- 1 lb. ceapă, tocată
- 1 lb. morcovi, feliați gros
- 1 cutie mare de măsline coapte, fără sâmburi
- 3½ c. ciorba de vacuta
- Vin roșu
- 1 T. oțet
- 3 oz. pasta de tomate
- 1 cățel de usturoi, tocat
- ¾ t. cimbru, zdrobit
- 1 frunză de dafin
- c. patrunjel, tocat

Directii:

a) Combinați făina, sarea și piperul și dragați cuburi de căprioară. Într-o oală mare, puneți un strat de slănină, cuburi de căprioară și legume.

b) Combinați supa de vită și ingredientele rămase. Se toarnă peste tot și se fierbe la foc mare 8-12 ore sau până când furculița se înmoaie.

20. Salam de cerb

Ingrediente:

- 2 lb. căprioară măcinată
- 1 cană apă
- 2 T. Sare de vindecare
- 1 T. Fum lichid
- 1 T. praf de usturoi
- 1 T. praf de ceapa
- 1 t. piper proaspat crapat
- 1 T. boabe de ardei proaspete
- 1 t. chimion
- 1 T. boabe de mustar
- $\frac{1}{4}$ t. piper roșu

Directii:

a) Amestecați toate ingredientele și rulați în rulouri mici de aproximativ $1\frac{1}{2}$ inch în diametru.

b) Se da la frigider pentru 24 de ore pentru a lasa sa se dezvolte aromele. Se aseaza pe tava si se coace la 300/ 30-45 minute.

21. Inimi umplute

Ingrediente:

- 2-3 inimi de cerb, în funcție de mărime, sau 1 inimă de elan
- 1 cană pesmet proaspăt
- 1 cana sunca tocata
- 1 cană suif tocată mărunt
- 1 ou, batut usor
- ¼ c. pătrunjel tocat
- 1 crenguță de maghiran, tocat, sau ¼ t. uscat
- 1 crenguță de rozmarin, tocat, sau ¼ t. uscat
- 1 t. coaja de lamaie rasa
- Sare si piper proaspat macinat
- 3 fasii de bacon
- 2 T. făină
- 2 c. apă clocotită
- 2 t. pasta de tomate

Directii:

a) Înmuiați inimile în apă rece timp de 1 oră. Îndepărtați venele și arterele cu un cuțit ascuțit, apoi spălați și uscați inimile.

b) Pregătiți umplutura amestecând pesmetul, șunca, sufia, oul, ierburile și coaja de lămâie. Gustați și sare și piper după dorință. Faceți o tăietură de 2-3 inci pe o parte a fiecărei inimi și umpleți cu umplutura. Înfășurați fiecare inimă umplută cu o fâșie de slănină și fixați-o cu o frigărui.

c) Puneți inimile în poziție verticală într-o caserolă de lut și coaceți la cuptor 350/ 2-3 ore, până când carnea este fragedă. Scoateți inimile pe un platou încălzit. În tigaie, adăugați făina, amestecați și gătiți aproximativ un minut.

d) Pe foc, turnați apa clocotită și pasta de roșii, apoi reveniți la foc și amestecați pe măsură ce sosul se îngroașă. Fierbeți câteva minute, apoi serviți într-un sos împreună cu inimioare.

PORC MISTRET

22. Cotlet de mistret

- 2 lb. cotlet de mistret
- 1 cană de zară
- 1 t. sare
- 3 boabe de ienupăr, zdrobite
- 1 T. unt moale
- 1 T. făină

Directii:

a) Scufundați cotleturile timp de 3 zile în zară la frigider. Scurgeți și uscați, apoi frecați cu sare și ienupăr zdrobit. Preîncălziți cuptorul la 350/. Acoperiți fundul tigaii cu $\frac{1}{4}$ inch de apă clocotită și puneți carnea pe grătar. Se prăjește 1 oră, ungând din când în când cu zară.

b) Între timp, amestecați untul și făina cu vârful degetelor. Când carnea este fragedă și nu sângerează când este străpunsă, amestecați făina de unt în lichidul din tigaie. Se amestecă până când se densează și omogen și se ajustează condimentul.

23. Mistret fript

PORȚII 4
Ingrediente:

- Ingrediente trimite lista de cumpărături
- 1 ceapa, tocata grosier
- 4 catei de usturoi, tocati
- 2 morcovi, tocați grosier
- 2 tulpini de telina, tocate grosier
- 1/2 bulb de fenicul, tocat grosier
- 1/2 cană ulei de măsline, împărțit
- sare si piper dupa gust
- 1 1/2 kilograme friptură de mistreț
- 6 crengute de cimbru proaspat
- 3 crengute rozmarin proaspat
- 1 lingura oregano proaspat
- 1/2 cană apă

Directii:

a) Încinge cuptorul la 375 de grade.
b) Se pun legumele tocate (ceapa, 2 catei de usturoi, morcovi, telina si fenicul) in 1/4 cana de ulei de masline si se condimenteaza cu sare si piper. Așezați-le în fundul unei tigăi mici și puneți-le deoparte.
c) Încinge o tigaie la foc mare până este foarte fierbinte.
d) Se condimentează friptura cu sare și piper. Adăugați o lingură de ulei de

măsline în tigaie și prăjiți friptura pe toate părțile.

e) În timp ce carnea se prăjește, ia aproximativ jumătate din cantitatea de ierburi proaspete pe care o ai și toacă-le mărunt. Puneti ierburile tocate intr-un castron mic si adaugati restul de usturoi tocat si ulei de masline; se amestecă pentru a forma o pastă liberă.

f) După ce mistrețul a fost prăjit, frecați-l peste tot cu pastă și puneți deasupra legumelor în tigaie.

g) Legați ierburile rămase împreună cu sfoară de măcelar și aruncați-le în tigaie.

h) Adăugați apa în tigaie, apoi acoperiți tigaia și prăjiți timp de 1/2 oră, sau atât timp cât este nevoie pentru a ajunge la o temperatură internă de 155-160 cu un termometru pentru carne.

i) Lăsați să se odihnească aproximativ cinci minute înainte de a feli și a servi cu legumele prăjite.

24. Tocană de mistreți cu afine

Ingrediente:

- 1 kilogram mistreț (cuburi, umăr sau picior)
- 1 1/2 linguri ulei vegetal
- 1 ceapă (tăiată fin)
- 2 morcovi
- 1 portocala (bio)
- 1 catel de usturoi
- 1 cuișoare
- 1 baton de scortisoara
- 4 boabe de ienupăr
- 2 praf de nucsoara
- 2 foi de dafin
- 2 linguri coniac
- vin roșu (1 litru)
- 4 linguri supa de vita
- 2 linguri gem de afine
- 200 de grame de afine proaspete
- 2 linguri faina (optional)
- supa de pui

Directii:

a) Se rumenește carnea tăiată cubulețe într-o tigaie cu ulei, apoi se scoate carnea și se pune deoparte.
b) În aceeași tigaie, căliți ceapa (tăiată subțire) șimorcovi.

c) Adăugați coaja de portocală, usturoiul zdrobit, cuișoarele, batonul de scorțișoară și boabele de ienupăr, apoi condimentați cu sare și piper, stropiți cu nucșoară și adăugați buchet garni.
d) Întoarceți carnea în oală și adăugați coniacul, dacă doriți, flambați-o.

25. Ragù de mistret

Ingrediente:

- Umăr sau picior de mistreț de 1 kilogram, tăiat în bucăți de 1 până la 2 inci
- 1 crenguță de rozmarin, ruptă în jumătate
- 4 catei de usturoi, curatati de coaja
- 2 căni de Chianti sau alt vin roșu, sau la nevoie
- 3 linguri ulei de măsline extravirgin
- 1 morcov mic, tocat mărunt
- 1 tulpină mică de țelină, tocată mărunt
- 1 ceapa mica, tocata marunt
- 1 cana rosii conservate, cu lichidul lor
- 2 căni de supă de legume sau apă
- Tagliatelle sau alte paste, pentru servire

Directii:

a) Cu o seară înainte de prepararea ragù-ului puneți carnea într-un castron cu rozmarinul, boabele de piper, usturoiul și suficient vin pentru a acoperi. Acoperiți și lăsați la frigider peste noapte.

b) Aruncați rozmarinul și usturoiul. Scurgeți carnea într-o strecurătoare pusă peste un vas, rezervând vinul. Într-un cuptor olandez la foc mediu-mare, încălziți uleiul până când strălucește și adăugați morcovul, țelina și ceapa. Se caleste pana se inmoaie, 3 pana la 5 minute.

c) Adăugați carnea și gătiți, amestecând des, până când tot lichidul eliberat de carne s-a evaporat și carnea se rumenește, 10 până la 15 minute. Adăugați vinul rezervat și gătiți, amestecând des, până când amestecul este uscat, 10 până la 15 minute.

d) Adăugați roșiile, despărțindu-le cu o lingură. Adăugați 1 cană de apă, reduceți căldura la foarte scăzut și gătiți, parțial acoperit, la foc mic timp de 1 oră.

e) Adăugați bulion de legume și continuați să fierbeți, amestecând din când în când, până când carnea începe să se despartă, 1 1/2 până la 2 1/2 ore. Se ia de pe foc si, folosind un tel sau o lingura, se rupe carnea in bucati foarte fine.

f) Serviți, dacă doriți, peste tagliatelle sau alte paste.

26. Mistret pentru gătit lentă

Ingrediente:

- Friptură de umăr de mistreț de 5-6 lire sau un umăr de porc convențional
- ulei de măsline pentru a acoperi fripturile
- 2 linguri de condimente pentru fripturi Montreal sau mai mult
- 1 ceapa cu coaja pe -tocata
- 2 morcovi – tăiat grosier
- 1 legatura patrunjel – tocat
- 6 catei de usturoi
- 1 cutie mică de suc sau pastă de roșii tăiate cubulețe
- ½ cană de bourbon
- ½ cană zahăr brun

Directii:

a) Tăiați friptura în două bucăți ușor de gestionat
b) ungeți friptura cu ulei de măsline și asezonați generos, puneți deoparte
c) Tăiați legumele pentru aragazul lent
d) Încingeți o tigaie mare pe plită și când tigaia este foarte fierbinte adăugați puțin ulei de măsline și prăjiți ambele părți ale fripturii.
e) Puneți legumele tăiate și usturoiul în partea de jos a aragazului lent.

f) Adăugați friptura, bourbonul, zahărul brun și roșiile tăiate cubulețe.
g) acoperiți aragazul lent și gătiți la foc mic timp de aprox. 7 ore.
h) Sosul care se află în fundul aragazului lent trebuie strecurat și pus într-o oală mică de sos, reducând lichidul la jumătate la foc mediu – mare.
i) Servește mistretul bucăți, încurajându-ți oaspeții să-l tragă în bucăți, scufundându-l cu sosul care a venit din aragazul lent sau sosurile tale preferate.

27. Mistret înăbușit cu sos de citrice și salvie

Ingrediente:

- 4,4 kilograme șa de mistreț (gata de gătit)
- 3 foi de dafin
- 1 lingurita ardei ienibahar macinat
- ½ cană bulion de vânat (sau bulion de pui)
- 2 litri de suc de mere nefiltrat
- 7 uncii eșalotă
- 2 catei de usturoi
- sare
- 2 linguri de unt clarificat
- 2 portocale
- 2 grapefruit mici
- 4 salvie proaspata (frunze)

Directii:

a) Clătiți carnea de mistreț, uscați-o și puneți-o într-o pungă mare pentru congelator (6 litri).
b) Adăugați frunza de dafin, ienibahar, piper, bulion și sucul de mere. Sigilați bine punga și întoarceți punga pentru a acoperi carnea. Se lasă la marinat 8-12 ore (de preferință peste noapte) la frigider.
c) Curățați șalota și usturoiul. Tăiați cubulețe usturoiul și tăiați șalota în sferturi.

d) Deschideți punga de congelare, turnați marinata într-un castron mare, îndepărtați carnea și uscați cu prosoape de hârtie. Se încorporează stratul de grăsime cu un cuțit ascuțit în formă de romb și se freacă carnea pe toate părțile cu sare și piper.
e) Se încălzește untul într-o tigaie și se gătește carnea la foc mare pe toate părțile. Adăugați eșalota și usturoiul și gătiți până se înmoaie.
f) Se toarnă marinada în tavă, se acoperă și se gătește în cuptorul preîncălzit la 180°C (ventilator 160°C, gaz: marcaj 2-3) (aproximativ 350°F) timp de aproximativ 2 1/2 ore, întorcându-se regulat.
g) Scoateți capacul și ridicați temperatura la 200°C (cuptor ventilat 180°C, gaz: marcajul 3) (aproximativ 400°F). Întoarceți carnea, cu partea grasă în sus și gătiți până se formează o crustă frumoasă, încă aproximativ 30 de minute la cuptor.
h) Între timp, folosiți un cuțit ascuțit pentru a tăia coaja portocalelor și grapefruit-ului, astfel încât să fie îndepărtată toată sâmbura albă amară. Tăiați fructele între membrane, lucrând peste un bol pentru a colecta sucurile.

i) Scoateți carnea din tigaie și acoperiți pentru a se menține cald. Scoateți foile de dafin și turnați lichidul de gătit într-o oală. Se aduce la fierbere și se mai fierbe aproximativ 10 minute.
j) Clătește salvia, se usucă cu agitare, smulge frunzele și se toacă mărunt.
k) Adăugați în sos segmentele de citrice și sucul de citrice colectat cu salvie și gătiți aproximativ 5 minute. Asezonați cu sare și piper.
l) Tăiați carnea felii și serviți cu sosul de citrice-salvie.

CAMOISĂ

28. Picior de capră sub-vide

Ingrediente

- 500 g pulpă de capră, dezosată, preparată de măcelar
- 200 ml vin roșu, sec
- 200 ml fond sălbatic
- 6 Data, fără piatră
- 2 linguri de otet de mere
- 2 linguri de unt clarificat
- 2 Ceapa, rosie
- 1 linguriță de condiment pentru căprioară

Directii:

a) Timp total aprox. 2 ore 40 minute

b) Prăjiți pulpa de capră în unt limpezit. Lăsați piciorul să se răcească puțin și apoi sigilați-l în folie. Gătiți într-o baie de apă la 68 de grade timp de aproximativ 2 ore.

c) Tăiați ceapa în bețișoare, tăiați jumătate din curmale, tăiați cealaltă jumătate felii.

d) Se caleste incet ceapa in tigaia piciorului. Adauga curmalele tocate. Se deglasează cu vin roșu, jus sălbatic și oțet de mere și se reduce la jumătate. Adăugați condimentul de joc și feliile de curmale.

29. curry de capră

Ingrediente
- 2 umeri de capră, tăiați în bucăți de 4 cm pe os
- 1 ceapă, tăiată mărunt
- 1 legatura de ceapa primavara, tocata grosier
- 4 catei de usturoi
- Un buton de ghimbir
- 2-3 ardei scotch bonnet
- O grămadă de cimbru
- 2 lingurițe de semințe de coriandru
- 1 lingurita de seminte de chimen
- 1 lingurita de seminte de schinduf
- $\frac{1}{2}$ linguriță de semințe de muștar
- $\frac{1}{2}$ linguriță de semințe de fenicul
- 4 cuișoare
- $\frac{1}{4}$ de nucșoară
- $\frac{1}{2}$ linguriță de turmeric
- 20 de semințe de piment
- 2 lingurite ulei de gatit
- 5 1/2 cani de apa sau supa de pui
- 2 cartofi cerusi de marime medie, taiati cubulete.

Directii:

a) Puneți ceapa, ceapa primăvară, usturoiul, ghimbirul, ardeiul scotch bonnet și cimbrul într-un blender pentru a face o pastă. Marinați carnea în pastă pentru cel puțin două ore, de preferință peste noapte.

b) Măcinați toate condimentele uscate.

c) Se incinge 3 linguri de ulei intr-o oala de fonta si se rumeneste carnea. Asezonați cu sare și piper. Adăugați condimentele măcinate și acoperiți cu apă.

d) Se lasă să fiarbă 2-2 ore și jumătate. Adaugati cartoful si mai adaugati putina apa. Se lasă să fiarbă până când cartofii sunt fragezi. Verificați condimentele și adăugați mai multă sare și piper dacă este necesar.

e) Pune orezul într-o sită și clătește până când apa devine limpede.

f) Luați o caserolă de dimensiune medie, cu fund greu. Se adauga putin ulei si se aseaza ceapa pana devine moale si translucida. Adăugați toate condimentele, chili, cimbru și sare. Se adauga orezul si se adauga laptele de cocos si apa. Aduceți la fierbere, acoperiți cu pergament de copt și un capac etanș.

g) Dați focul în jos și fierbeți până când toată apa se evaporă. 10-12 minute.

h) Lasă orezul să se odihnească 2-3 minute cu capacul pus.

FEZANT

30. Fazan la cuptor cu marinada

Ingrediente
- 1 fazan îmbrăcat

Marinada:

- 1 cană ulei de gătit
- 2 linguri ceapa tocata
- 1 lingurita sare
- l lingurițe piper negru
- 1 catel mic de usturoi, tocat
- 1 lingura otet de vin
- 1 lingura sos Worcestershire
- 1 lingurita zahar
- 1 lingurita sos tabasco
- 1 lingurita boia

Directii

a) Amestecați bine marinada. Ungeți fazanul cu marinată, legați picioarele în jos. Puneți într-o tavă de copt și prăjiți timp de o oră la 350°F. cuptor.

b) Ungeți la fiecare 15 minute și întoarceți pasărea o dată dacă nu stă în poziție verticală pe spate.

31. Fazan înăbușit

Ingrediente

- 1 fazan îmbrăcat, tăiat bucăți de servire
- 3 linguri de grăsime
- 1 cană de făină condimentată plus l linguri de lapte uscat degresat
- 1 cană smântână ușoară

Directii

a) Se rulează bucățile de fazan în făină asezonată și se călesc în grăsime până se rumenesc bine.
b) Transferați într-o caserolă de 2-3 litri. Adăugați smântână, acoperiți.
c) Coaceți în cuptorul la 350 ° F timp de 1 oră sau fierbeți 30 până la 45 de minute deasupra aragazului.

32. Caserolă cu mere și fazani

Ingrediente
- 1 fazan îmbrăcat, tăiat bucăți de servire
- 4 linguri de unt sau margarina
- 1 lingurita sare
- 1 lingurita de cimbru
- l lingurițe piper negru
- 2 mere mari, decojite
- 1 cană de cidru de mere
- 2 linguri otet de vin
- făină asezonată

Dragați bucățile de fazan în făină asezonată.

Se rumenesc in unt sau margarina la foc mediu. Transferați carnea într-o caserolă adâncă. Presărați sare, cimbru și piper peste carne și adăugați mere feliate. Peste toate se toarnă cidru și oțet. Acoperiți și coaceți 4 ore la 350°F.

33. Fazan în smântână

Ingrediente

- 1 fazan îmbrăcat, tăiat bucăți de servire
- 1/3 cană unt
- 1 lingurita sare
- 1 lingurita de cimbru
- 1 lingurita piper negru
- 1 cană de făină
- 1 lingurita suc de ceapa sau l lingurita ceapa tocata
- 1 cană smântână groasă

Directii

a) Dragați bucățile de fazan în făină asezonată.
b) Rumeniți bine în unt. Adăugați ceapa și smântâna.
c) Acoperiți și fierbeți până se înmoaie, 30 până la 45 de minute.

34. Fazan la grătar

Ingrediente

- 1 fazan îmbrăcat, tăiat bucăți de servire
- 1 ou, batut
- 1 lingurita sare
- 1 lingurita piper
- 1 cană pesmet
- 3 linguri ulei de gatit

Sos pentru grătar

- 1 lingura otet
- 2 c. sos de rosii
- 1 cană țelină tăiată cubulețe
- 2 linguri de ceapa taiata cubulete
- 1 lingurita zahar brun
- 1 lingurita de cimbru
- 1 linguriță 1 linguriță oțet
- 2 c. sos de rosii
- 1 cană țelină tăiată cubulețe
- 2 linguri de ceapa taiata cubulete
- 1 lingurita zahar brun
- 1 lingurita de cimbru
- 1 lingurita sare
- 1 lingurita sare

Directii

a) Adăugați sare și piper la oul bătut.
b) Rulați bucățile de fazan în amestecul de ouă apoi în firimituri.
c) Se rumenesc in ulei la foc mediu.
d) Amestecați ingredientele pentru sosul de grătar și ungeți peste Fazan.

35. Fripturi de fazan

Ingrediente
- 1 fazan tânăr, numai piept și pulpe
- 1 cană de făină
- 1 lingurita sare
- 1 lingurita piper
- 1/16 lingurite de oregano
- 1/ 16 lingurite busuioc
- 1 cană de unt

Directii

a) Toarnă fripturile până la o grosime uniformă. Amesteca sare, piper, oregano si busuioc cu faina.
b) Rumeniți lent fripturile în unt sau altă scurtătură (340°-360°F.). Întoarceți când este maro auriu. Pentru a testa starea de gătit, tăiați o tăietură în centrul fripturii, cu un cuțit ascuțit.
c) Fripturile ar trebui să fie în continuare suculente, fără semne de culoare roz. Timpul de gătire va fi de aproximativ 3-5 minute.

36. Fazan de parmezan

Ingrediente
- 1 fazan, tăiat în bucăți
- 1 lingurita glutamat monosodic
- 1 cană de făină
- 1 lingurita sare
- 1 lingurita piper
- 2 linguri de parmezan ras
- 1 lingurita boia
- 1 cană de unt
- 1 cană de stoc

Directii

a) Amestecați condimentele cu făina. Rulați bucățile de fazan în amestec. Dacă este posibil, puneți bucățile acoperite pe un gratar pentru a se usuca aproximativ 1 oră.

b) Rumeniți încet în unt în tigaie (340° - 360°F.). Lăsați 15 minute pe fiecare parte. Când devine auriu, adăugați bulion

sau apă fierbinte în care s-a dizolvat cubul de bulion.
c) Acoperi. Se fierbe aproximativ 20 de minute sau până când se înmoaie.
d) Acoperiți și gătiți încă aproximativ 10 minute pentru a deveni crocant.

37. Fazan înăbușit cu ciuperci

Ingrediente
- 1 fazan, tăiat în bucăți
- 1 cană amestec de clătite
- 1 cană de unt
- 1 cană de ciuperci
- 3 linguri tocate pe ioni
- 1 cană de stoc
- 1 lingurita suc de lamaie
- 1 lingurita sare
- 1 lingurita piper negru

Directii:

a) Dragați bucățile de fazan tăiate în amestecul de clătite.
b) Rumeniți bucățile în unt până se rumenesc (aproximativ 10 minute).
c) Scoateți bucățile de fazan.
d) În untul rămas în tigaie, căliți ciupercile și ceapa tocată până se rumenesc (aproximativ 10 minute).
e) Întoarceți carnea în tigaie, adăugați bulion, sucul de lămâie și condimentele. Acoperiți și fierbeți 1 oră sau până când se înmoaie.

38. Fazan prăjit cu grăsime

Ingrediente
- 1 fazan tânăr, tăiat în bucăți
- 1 cană amestec de acoperire
- Lapte sau zară
- Grăsime de gătit

Directii:

a) Tăiați carnea de pe fiecare parte a chilei sau a sternului cu un cuțit ascuțit, făcând 2 bucăți de piept. Marinați bucățile de fazan în lapte sau zară 1 până la 2 ore la frigider sau scufundați-le în lapte.

b) Dragați bucățile în stratul dorit. Se usucă pe grătar aproximativ o jumătate de oră.

c) Transferați câteva bucăți odată în coșul adânc pentru grăsimi și coborâți-le în grăsime încălzită (350° -360° F.). Utilizați 2 inci sau mai mult de grăsime încălzită.

d) Scoateți bucățile când sunt maronii (3-5 minute).

e) Serviți imediat.

39. Sânii de fazan în orez

(4 portii)

Ingrediente
- 4 sani de fazan
- 1 cutie supă de ciuperci
- 1 plic amestec de supă de ceapă uscată
- 1 cană lapte
- 1 cană de orez
- 1 cană bucăți de ciuperci

Directii:

a) Combinați supele și laptele. Turnați jumătate din amestec într-o tavă alungită de copt (aproximativ 7 x 11 inci).
b) Amestecați orezul și bucățile de ciuperci. Aranjați piepții de fazan pe amestecul de orez, apăsați și turnați restul de supă peste sâni.
c) Acoperiți cu folie și coaceți 1 oră și 15 minute într-un cuptor la 3 50°F. Descoperiți ultimele 15 minute pentru a se rumeni.

40. Fondue de fazani

Ingrediente
- 1 fazan îmbrăcat tăiat în bucăți mici
- 2 c. ulei vegetal

Directii:

a) Încălziți uleiul într-o oală electrică pentru fondue la 425°F.
b) Agitați excesul de umiditate din bucățile de fazan, puneți-o pe furculița pentru fondue și puneți-le în ulei fierbinte. Fondue aproximativ un minut sau până devine maro auriu. Scoateți din furculiță, sare dacă doriți, gata de mâncat.

41. Bilele de fazan

(3-4 portii)

Ingrediente
- 1 cană de fazan crud măcinat
- 1 ou, putin batut
- 2 linguri ceapa tocata
- 1 lingurita sare
- 1 lingurita boia
- 1 lingurita piper
- 2 linguri de grasime sau ulei
- 1 cană pesmet și/sau pesmet de fulgi de porumb

Directii:

a) Se amestecă fazanul, oul, ceapa și condimentele.
b) Faceți aproximativ șapte chiftele de 1 inch în diametru (linguriță rotunjită). Rulați în firimituri.
c) Se rumenește în grăsime până se rumenește și carnea este gata. Foc mediu aproximativ 15 minute.

42. Supă de fazan și orez

(4 portii)

Ingrediente

- 1 fazan îmbrăcat, tăiat bucăți
- apa de acoperit

Supă:

- 1 qt. bulion
- 1 morcov tăiat cubulețe (1/3 la! c.)
- 2 linguri de ceapa taiata cubulete
- t c. telina taiata cubulete
- 1 cană cubulețe de fazan fiert
- 2 linguri de orez
- l lingurițe sare de țelină
- ! lingurițe de sare sau mai mult după gust
- t lingurite piper

Directii:

a) **Pentru fazan:** Fierbeți 30 până la 40 de minute până când carnea este fragedă și se va desprinde ușor de oase. Rece.

Scoateți carnea de pe oase și strecurați bulionul.

b) **Pentru supa:** Combinați toate ingredientele și fierbeți 15 minute. Acesta poate fi făcut în avans și reîncălzit pentru a servi. Serviți cu biscuiți crocanți.

43. Sufleu de fazan

(4 portii)

Ingrediente

- 1 cană cuburi de fazan fiert
- 2 ouă, separate
- 1 cană de orez alb fiert
- ! c. pesmet proaspăt
- ! c. telina taiata cubulete
- 1 cană lapte
- 1 lingurita sare
- 1 lingurita piper negru
- 1 lingurita de cimbru

Directii:

a) Bate galbenusurile si adauga toate ingredientele cu exceptia albusurilor. Bate albușurile spumă până se întărește și amestecă în amestec.

b) Se toarnă într-o tavă plată de copt unsă puternic sau într-o tavă pătrată de 8 x 8 inci.

c) Coaceți la 350 ° F timp de aproximativ 30 de minute sau până când un cuțit introdus în centru iese curat.

d) Tăiați pătrate și serviți cu sos de ciuperci.

44. Plăcintă cu oală cu fazan

(2-3 portii)

Ingrediente

- 1 cană cuburi de fazan fiert
- 1 cană ceapă tăiată cubulețe
- 1 cană morcov feliat subțire
- 1 cană mazăre congelată (! pachet)
- 1 frunză de dafin
- 1 cub de bulion de pui
- 1 cană apă
- 1 cană sos alb mediu
- Topping bogat de biscuiți

Directii:

a) Condimente opționale: pudră de chili, chimen, sos Worcestershire, cimbru, cimbru, maghiran sau o combinație a oricăruia dintre aceste condimente.

b) Fierbeți legumele, dafinul și cubul de bulion în apă până se înmoaie (aproximativ 10 minute). Scurgeți și păstrați lichidul pentru sos.

c) Combinați lichidul și suficient lapte pentru a face 2 căni de lichid.

d) Faceți sos cu 3 linguri de unt, 3 linguri de făină și 1 linguriță de sare.

e) Combinați fazanul, legumele și sosul alb cu condimente suplimentare opționale. Puneți în 3 qt. caserolă și deasupra cu biscuiți cu praf de copt. Coaceți la 450 ° F timp de 15 minute.

45. Fazan Ala King

2 portii

Ingrediente
- 1 cană cuburi de fazan fiert
- 1 lingura de unt sau margarina
- 1 lingura de faina
- ! c. bulion sau bulion de pui
- 1 cană smântână groasă
- 1 lingurita sare
- strop de piper
- 1 lingurita ceapa tocata
- 1 galbenus de ou, batut
- 2 felii de pâine prăjită sau brioșe englezești

Directii:

a) Se topește margarina cu ceapa într-o tigaie, se amestecă cu făina.

b) Adăugați bulion și smântână, încălziți încet, fără să fiarbă. Turnați acest amestec în gălbenușul de ou bătut. Se adauga sare, piper si fazan.

c) Se încălzește doar până se încinge. Serviți pe puncte de pâine prăjită cu unt sau brioșe englezești.

46. Pâine de fazan

(3-4 portii)

Ingrediente
- 1 cană de fazan fiert tăiat mărunt
- 2 linguri ceapa tocata
- 2 linguri de ardei verde tocat
- 1 lingurita sare
- 1 lingurita nucsoara
- 1 lingurita piper
- 1 cană pesmet uscat
- 2 oua batute
- 1 cană lapte
- 1 lingura sos Worcestershire

Directii:

a) Combinați primele șapte ingrediente. A bate ouale

b) și amestecați laptele și sosul Worcestershire. Adăugați lichid la amestecul uscat. Amestecați bine. Puneți într-o tavă unsă cu unt și coaceți 45 de minute într-un cuptor la 350°F. Dacă se folosește o tavă mai lungă, reduceți timpul de coacere corespunzător.

47. Crochete de fazani

(Face 10-12 crochete)

Ingrediente
- 1 cană de fazan fiert tocat
- 4 linguri de unt sau margarina
- 4 linguri de faina
- 1 cană lapte
- 1 lingurita sare
- 1 lingurita maghiran
- 1 lingurita pudra de curry
- 1 ou, batut
- 2 linguri de faina
- 1 cană pesmet și/sau fulgi de porumb

Directii:

a) Faceți un sos din făină, unt și lapte, adăugați carne și condimente. Răciți-vă bine. Bate oul.

b) Se modelează amestecul de crochete, se tavă în făină, ou și apoi pesmet, asigurându-vă că toate zonele sunt acoperite cu ou înainte de a le fărâmița.

c) Se prăjește la 375°F aproximativ 5 minute sau până când devine maro auriu, se scurge pe hârtie absorbantă, se servește fierbinte.

48. Pate de fazani

7-8 chiftele (4 portii)

Ingrediente
- 2 c. fazan fiert tăiat cubulețe (nu măcinați)
- 1 cană pesmet prăjit
- 4 linguri de unt sau margarina (divizata)
- 1 cană ceapă tocată
- 2 linguri de ardei verde tocat
- 1 ou, putin batut
- 1 cană lapte
- 1 linguriță sos Worcestershire
- 1 lingurita sare
- 1 lingurita de cimbru
- 1 lingurita piper negru
- 1 cană firimituri de fulgi de porumb

Directii:

a) Se topesc 2 linguri de unt sau margarina intr-o tigaie la foc mediu, se calesc ceapa si ardeiul verde pana se rumenesc. Amestecați fazanul, firimiturile și condimentele. Scoateți legumele din grăsime și adăugați-le cu oul, laptele și sosul Worcestershire. Se amestecă bine și se lasă să se întărească câteva minute pentru a se amesteca aromele.

b) Turnați o lingură rotunjită de amestec în firimituri, acoperiți cu pesmet și, cu ajutorul unei spatule, transferați într-o tigaie fierbinte.

c) Se prăjește până se rumenește, folosind 2 linguri de unt sau margarină după cum este necesar, se întoarce o dată (l0-15 minute timp total de gătire).

d) Nu gătiți în exces deoarece se usucă. Acest amestec este greu de manevrat, dar suficient de bun pentru a garanta răbdare în prepararea chiftelor. Sosul de ciuperci poate fi servit cu chiftele pentru o schimbare.

49. Hash de fazan

(3-4 portii)

Ingrediente
- 1 cană carne de fazan fiartă
- 1 cartof
- 2 lingurite de piper verde tocat
- 2 lingurite de ceapa tocata
- 1 linguriță piment
- 1 lingurita sare
- 1 lingurita piper
- 2 linguri de grasime

Directii:

a) Pune fazanul și cartoful prin mâncare

b) râșniță cu lamă medie spre grosieră. · Adăugați ardeiul, ceapa și pimentul și condimentele. Maro

c) în grăsime timp de 15 minute, amestecând din când în când.

RAȚĂ

50. Rață la Peking

Porții: 4–6

Ingrediente

- 4½ lb.s. rață întreagă
- 2 linguri de miere lichidă
- 1 linguriță boabe de piper Szechuan
- 1 linguriță sare de mare
- 1 linguriță pudră chinezească cu cinci condimente
- 1 lingura de bicarbonat de sodiu
- 6 cepe primare, tocate grosier
- 3½ uncii de ghimbir proaspăt, tocat grosier

A servi

- Clătite
- 1 legatura de ceapa primavara
- ½ castravete mare, tăiat în bucăți subțiri

- Sos Hoisin

Directii

a) Masați mierea peste toată rata.

b) Într-un pistil și mojar, zdrobiți boabele de piper de Szechuan și sarea de mare până la o pulbere grosieră. Se amestecă praful chinezesc cu cinci condimente și praful de copt.

c) Întindeți amestecul uniform peste rață, masând-o în pielea cu miere.

d) Umpleți jumătate din ceapa primăvară și ghimbir în cavitate.

e) Prăjiți timp de 25-40 de minute într-un cuptor cu lemne fierbinte, rotind tava până la jumătate pentru a asigura o croantă uniformă.

f) La jumătatea gătitului, răsturnați rața pentru a se crocanta și pe partea inferioară.

51. Rață Întregă Afumată

Ingrediente:

- 5 kilograme de rață întreagă (curățată de orice exces de grăsime)
- 1 ceapa mica (sferturi)
- 1 măr (cuiate)
- 1 portocala (sferturi)
- 1 lingurita patrunjel proaspat tocat
- 1 lingura de salvie proaspat tocata
- ½ linguriță praf de ceapă
- 2 lingurite boia afumata
- 1 linguriță de condimente italiene uscate
- 1 lingură condiment grecesc uscat
- 1 lingurita piper sau dupa gust
- 1 lingurita sare de mare sau dupa gust

Directii:

a) Pentru a face frecare, combinați praful de ceapă, piperul, sarea, condimentele italiene, condimentele grecești și boia de ardei într-un castron.

b) Introduceți portocala, ceapa și mărul în cavitatea de rață. Umpleți rata cu pătrunjel și salvie proaspăt tocate.

c) Asezonați generos toate părțile raței cu amestec de frecare.

d) Pune rața pe grătarul.

e) Se prăjește timp de 2 până la 2 ore și jumătate sau până când pielea de rață este maronie și temperatura internă de fum a coapsei atinge 160 ° F.

52. Rață cu fundul negru

Ingrediente:

- 3 rațe sălbatice sau domestice
- 4 T. suc de lamaie
- ½ c. unt topit

Baste

- 1 cană de lichid din tigaie
- ½ t. făină
- 2 t. zahar brun
- 1 T. otet de vin
- Suc de ½ portocală
- 1 t. coaja rasa de portocala

Directii:

a) Strângeți lichidul cu făina. Caramelizați zahărul la foc mic, adăugați oțet, sucul de portocale și coaja. Se adaugă la lichidul îngroșat și se toarnă peste rațe.

b) Curățați, usturați și frecați rațele în interior și în exterior cu suc de lămâie. Se prăjește la 425/10 minute pentru fiecare kilogram de rață. Se unge cu unt. Rațele dezosate sunt minunate. Când ați terminat, ungeți-l.

53. Rață friptă picant

Ingrediente
- 1 rata salbatica
- 2 T. făină
- ½ t. sare t. piper
- 1T. ienibahar întreg, crăpat
- 1 frunză de dafin, măruntită

Directii:

a) Frecați rața în interior și în exterior cu un amestec de făină, sare, piper și ienibahar. Presărați bucăți de foi de dafin deasupra. Așezați-l pe grătar în prăjitor (aranjarea mai multor rațe strâns una de cealaltă ajută la prevenirea uscarii). Coaceți, acoperit, în cuptorul lent (325/) 2½ până la 3 ore sau până când se înmoaie.

b) Este o idee bună să înfășurați fiecare rață în folie în ultima oră de prăjire.

54. Rață sălbatică în marinată de soia

Ingrediente

- 2 rațe sălbatice, tăiate în sferturi
- 1-13½ oz. poate bucatele de ananas
- ½c. sos de soia
- 1t. ghimbir de pamant
- ¼ c. shortening sau slănină
- 1-3 oz. conserve ciuperci, scurse

Directii:

a) Marinați rațele peste noapte în amestec de ananas, sos de soia și ghimbir. Ștergeți carnea; maro în grăsime.

b) Puneți într-o caserolă puțin adâncă; se toarnă marinată și ciuperci. Coaceți, acoperit în cuptorul moderat (350/) 1 oră și jumătate sau până când se înmoaie (adăugați apă, dacă este necesar).

55. Filete de rață

Ingrediente
- 1 rata salbatica
- Frăgezitor instantaneu pentru carne
- 2 felii de bacon
- 2 T. ulei de salată

Directii:

a) Cu un cuțit ascuțit, îndepărtați pielea de rață. Tăiați carnea din piept în 2 file. Folosiți înghețat pentru carne conform instrucțiunilor de pe ambalaj. Înfășurați fiecare file lejer cu felie de slănină; fixați cu scobitori.

b) Gătiți fileurile în ulei la foc moderat până se rumenesc și se înmoaie, aproximativ 15 minute pe fiecare parte. Serviți pe un platou fierbinte cu benzi de slănină fiartă.

56. Rață la grătar din Texas

Ingrediente
- 2 rațe sălbatice
- 2 T. ulei de salată
- Sos pentru grătar

Directii:

a) Frecați rațele cu ulei; maro sub broiler. Ungeți rațele cu jumătate de sos; pune 1 lingura de sos in fiecare cavitate. Înfășurați fiecare pasăre strâns în folie grea; Coaceți într-o tavă mică în cuptorul lent (325/) 1 oră sau până când se înmoaie. Scoateți folia în ultimele 15 minute și turnați cu lingura restul de sos.

b) Pentru grătar în aer liber: Procedați ca mai sus, rumeniți peste cărbuni încinși și finisând peste cărbuni lente.

c) **Pentru**Sos pentru gratar: Se calesc 2 linguri de ceapa tocata in $\frac{1}{4}$ de cana de unt. Adăugați $\frac{1}{2}$ cană de ketchup, $\frac{1}{2}$ cană de suc de lămâie, $\frac{1}{4}$ de linguriță de boia de ardei, $\frac{1}{2}$ linguriță de sare, $\frac{1}{4}$ de linguriță de piper, $\frac{1}{4}$ de linguriță de piper roșu măcinat, 2 linguri de sos Worcestershire. Se fierbe 15 minute.

57. Duck Gumbo

Ingrediente

Stoc:

- 3 rațe mari sau 4 mici
- 1 galon de apă
- 1 ceapă, tăiată în sferturi
- 2 coaste telina
- 2 morcovi 2 foi de dafin 3 t. sare
- 1 t. piper

Gumbo:

- $\frac{3}{4}$ c. făină
- $\frac{3}{4}$ c. ulei
- 2 catei de usturoi, tocati
- 1 cana ceapa tocata marunt
- $\frac{1}{2}$ c. telina tocata marunt
- 1c. ardei verzi tocati marunt
- 1 lb. bame tăiate în bucăți de $\frac{1}{4}$".
- 2 T. unsoare de bacon
- 1 lb. creveți cruzi, decojiți
- 1pt. stridii și lichior
- $\frac{1}{4}$ c. pătrunjel tocat
- 2 c. orez gatit

Directii:

a) Piele de rață; se fierbe in apa cu ceapa, telina, foile de dafin, sare si piper aproximativ 1 ora sau pana cand carnea de rata este fragedă. Încordare; degresați toată grăsimea și rezervați 3 sferturi din stoc. Dacă este necesar, adăugați bulion de pui sau de vită pentru a face 3 litri de bulion. Îndepărtați carnea din carcasă și bucățile de dimensiuni mici; reveni la stoc. Stocul poate fi făcut cu o zi înainte de a face gumbo.

b) **Pentru Gumbo:** Într-un cuptor olandez mare, faceți un roux maro închis cu făină și ulei. Adăugați usturoiul, ceapa, țelina și ardeiul verde; soteți bame în unsoare de slănină până dispare toată țesătura, aproximativ 20 de minute; scurgere. Într-o oală de supă bulionul încălzit și amestecați încet amestecul de roux și legume. Adăugați okra; se fierbe acoperit 1 ora jumatate. Adăugați creveții, stridiile și lichiorul lor și gătiți încă 10 minute. Se amestecă pătrunjelul și se ia de pe foc. Asezonați corect și serviți peste orez fierbinte și pufos. Porți 12.

PORUBELE

58. Porumbel înăbușit în legume

Ingrediente
- 6 porumbei
- 3 T. unt
- 4 eșalote sau 6 ceapă, feliate grosier
- 1 morcov, feliat grosier
- 1 coastă de țelină cu frunze tăiate grosier
- ½ ardei verde, fără semințe și feliate grosier
- 2 foi de dafin
- 1 t. maghiran (sau cimbru, tarhon sau rozmarin)
- ½ c. lichid clocotit, jumătate bulion de pui, jumătate vin alb ¼ c. smantana la temperatura camerei

Directii:

a) Căleți porumbeii în unt pănă se rumenesc ușor în caserola pe care intenționați să o folosiți. Pune păsările deoparte. În procesor sau blender reduceți cele 4 legume feliate la un tocat fin, dar nu chiar la un piure. Scurgeți, apoi căliți legumele tocate în caserolă. Adăugați ierburile, lichidul care fierbe și păsările.

b) Acoperiți și coaceți la 350/ timp de 15-25 de minute. Scoateți porumbeii. Se amestecă smântâna în legume și se servește ca sos. Dacă nu este suficient de subțire, adăugați smântână dulce.

59. Porumbei la gratar

Ingrediente

- ¼ c. ulei
- 2 căței de usturoi, sau eșalotă, tocați
- 1 t. rozmarin uscat, sfărâmat
- Sare si piper
- 6 porumbei, despicați pe spate și turtiți

Directii:

a) Amestecați uleiul, usturoiul sau eșalota, rozmarinul, sare și piper și ungeți pe ambele părți ale păsărilor.

b) Prăjiți sau prăjiți la 4-5 inci de la căldură 7-8 minute în lateral, ungeți de mai multe ori cu amestecul de ulei.

60. Porumbel înăbușit cu orez sălbatic

Ingrediente
- 1 cană de orez sălbatic, spălat
- 10 sani de scufundare
- suc de ½ lămâie
- sare si piper
- 3 T. unt
- 4 salote sau ceai, tocate
- 1 coastă de țelină, tocată
- ½ lb. ciuperci
- ½ t. tarhon
- ½ c. vermut sec sau vin alb
- 1½ c. supa de pui

Directii:

a) Spălați orezul sălbatic până când apa curge limpede. Scurgere. Pieptul de porumbei se curăță, se freacă cu zeamă de lămâie, se sare și se piperează. În unt, căliți ușor șoapele sau ceaiurile, țelina și ciupercile.

b) Pune orezul pe fundul caserolei, pune-l în pieptul de porumbei și adaugă restul ingredientelor.

c) Acoperiți și coaceți la cuptor 325/ timp de $1\frac{1}{2}$-$1\frac{3}{4}$ oră.

61. Porumbei cu orez la Marsala

Ingrediente
- 1 cană de orez nefiert
- 3 T. unt
- 4 porumbei
- Suc de lămâie
- Sare si piper
- ½ t. rozmarin, sfărâmat
- 8 ceapă albă mică
- ½ lb. ciuperci
- 1c. supa de pui
- 1c. Madeira

Directii:

a) Se caleste orezul in unt, lasandu-l sa se rumeneasca, dar sa nu se arda. Puneți în fundul unei caserole. Frecați porumbeii în interior și în exterior cu suc de lămâie, apoi cu sare, piper și rozmarin. Pune porumbeii pe orez și înconjoară cu ceapă și ciuperci.

b) Se toarnă bulion și Madeira peste porumbei, se acoperă și se fierbe la cuptor la 350/30-40 de minute.

62. Sâni de porumbel la grătar

Ingrediente
- 12 sâni de porumbel - păsări tinere
- ½ sticlă (18 oz) sos grătar cu bucăți de ceapă
- 1 cană de zahăr brun ambalat ferm
- ¼ c. vin rosu
- ½ t. sos Worcestershire
- 12 felii de slănină Scobitori

Directii:

a) Înfășurați slănină în jurul pieptului și fixați-o cu o scobitoare. Puneți pe grătar cu gaz fierbinte sau peste cărbune cu un singur strat și ungeți cu sos.

b) Grill timp de 10 minute. Întoarceți, ungeți cu sos și grătar încă 5 minute sau până când este gata.

PREPELIȚĂ

63. Texas Quail 'N Bacon

Ingrediente

- 10 piept de porumbel sau prepelita
- 5 cartofi medii, tăiați și tăiați în jumătate pe lungime
- 5 felii de bacon
- ½ c. firimituri de pâine
- ¼ c. parmezan ras
- ¼ c. germeni de grau (optional)
- 1 t. sare Piper dupa gust
- ¼ de baton de margarina, topita
- 1 pungă mare de rumenire

Directii:

a) Tăiați felii de bacon în jumătate. Înfășurați fiecare piept de porumbel sau prepeliță cu ½ felie de slănină.

b) Combinați pesmetul, parmezanul, germeni de grâu și sarea. Înmuiați cartofii în margarină topită și apoi în amestecul de mai sus. Puneți partea plată în jos într-o pungă mare de rumenire.

c) Rulați piepții de porumbei în amestec și puneți deasupra cartofilor. Piper dupa gust. Se coace la 350/ timp de 1 ora. Servește patru până la șase.

64. Prepeliță peste fâșii de legume și șuncă

Ingrediente
- 4 T. ulei vegetal
- 1 t. ghimbir proaspăt tocat
- 3 prepelite, despicate
- Sare si piper
- 3-4 T. bulion de pui
- 1 dovlecel mediu, tăiat în fâșii subțiri
- 1 morcov, răzuit și tăiat în fâșii subțiri
- 4 ceai intregi, taiati in fasii subtiri
- 2 tulpini mari de broccoli, decojite și tăiate în fâșii subțiri
- 2 oz. șuncă de țară sau prosciutto, tăiate în fâșii subțiri

Directii:

a) Într-o tigaie mare sau un wok încălzește 2 linguri de ulei cu ghimbir.

b) Rumeniți prepelița pe toate părțile. Sare si pipereaza-le. Adăugați puțin bulion, acoperiți și fierbeți încet la abur timp de 15 minute.

c) Scoateți prepelițele cu sucul lor și păstrați-le la cald. 2-3 porții.

65. Prepeliță umplută

Ingrediente
- 1 cană firimituri de biscuiți
- 2 fasii de bacon, sotate crocante si maruntite
- 2 T. telina tocata
- 1 cană bulion de pui (bulionul de bulion va face)
- 1 fâșie de slănină pentru fiecare prepeliță
- 6-8 prepelite
- Unt
- ½ c. vin alb sau vermut

Directii:

a) Preîncălziți cuptorul la 350/. Amestecați pesmeturile, slănina mărunțită și țelina cu ½ cană bulion de pui pentru umplutură. Înfășurați 1 felie de slănină în jurul fiecărei prepelițe și țineți-o cu scobitori.

b) Puneți într-o caserolă unsă cu unt, rezistentă la cuptor. Se adaugă vin și se prăjește descoperit timp de 30 de minute. Adăugați lichid din ½ cană bulion rămasă dacă este nevoie de mai mult lichid.

66. Prepeliță pe un pat de praz

Ingrediente
- 8 prepelite
- 4 T. unt
- 1 T. ulei vegetal
- 6-8 praz, aproximativ 2 c., tăiat în felii de 1".
- Sare si piper proaspat macinat
- 1 cană smântână groasă
- 2 T. patrunjel tocat

Directii:

a) Intr-o tigaie mare sau intr-un wok caliti prepelita in 1 l. unt si ulei, rumenindu-se repede pe toate partile. Elimina. Prazul se caleste in aceeasi tigaie in untul ramas.

b) Adăugați doar puțină apă la ele - nu mai mult de 2 linguri - acoperiți și gătiți încet aproximativ 10 minute până când prazul a început să se înmoaie și a absorbit lichidul.

c) Peste praz se aseaza prepelita, se sare si se pipereaza, apoi se adauga smantana peste tot. Acoperiți și gătiți încet timp de 20 de minute. Deasupra presara patrunjel in momentul servirii. Porti 4.

67. Prepelita cu smantana si bacon

Ingrediente

- 16 piept de prepelita
- 16 felii de bacon obisnuit
- 1 cană smântână
- 1-10¾ oz. cutie supa crema condensata de ciuperci
- 1 cană ciuperci feliate

Directii:

a) Asezonați prepelițele cu sare și piper după dorință. Înfășurați prepelița cu slănină. Combinați smântâna și supa cu ciuperci.

b) Cu lingura peste păsări. Se coace, neacoperit, la 275/ timp de 3 ore. Porții 8. Serviți peste orez.

IEPURE

68. Plăcintă cu brânză de iepure

Ingrediente
- 1 8 oz. pachet cu crema de branza, taiat cubulete mici
- ½ cană supă de pui
- 3 cani de iepure tocat fiert
- 16 oz. legume mixte congelate, decongelate
- ½ linguriță sare de usturoi
- 1 ou
- ½ cană lapte
- 1 cană de amestec universal pentru copt
- Condimente preferate

Directii:

a) Preîncălziți cuptorul la 400°F.

b) Gătiți crema de brânză și bulionul într-o cratiță mare la foc mic până când crema de brânză este completă

c) topit și amestecul este bine omogenizat, amestecând des cu telul.

d) Se amestecă iepure, legume, sare de usturoi și alte condimente preferate; lingura într-o farfurie de plăcintă de 9 inci.

e) Bateți oul, laptele și amestecul de copt într-un castron mediu cu telul până se omogenizează bine. Se amestecă amestecul de copt

f) pana se umezeste, apoi turnam amestecul peste carnea de iepure.

g) Puneți farfuria de plăcintă pe tava de copt.

h) Coaceți 25-30 de minute sau până când se rumenesc.

69. Iepure la gratar cu legume

Ingrediente
- 4 picioare de iepure tinere (1 lb.)
- ¼ de cană de vinaigretă, împărțit
- 1 dovlecel și dovleac, tăiați în bucăți
- 1 ardei roșu, tăiat în bucăți
- 1 cană de sparanghel proaspăt tăiat
- 1 ceapă roșie mică, tăiată în bucăți
- Condimente preferate (după gust)
- ¼ cană bucăți de ananas (opțional)

Directii:

a) Încinge grătarul la foc mediu-mare.

b) Ungeți pulpele de iepure cu 2 linguri de pansament, apoi lăsați să stea 10 minute.

c) Între timp, fă găuri în fundul tavii de folie de aluminiu de unică folosință.

d) Se amestecă legumele cu sosul rămas.

e) Se pune in tava pregatita.

f) Presărați condimentele preferate peste ingrediente

g) Așezați pulpe de iepure și o tigaie de legume pe grătar.

h) Prăjiți 20 de minute sau până când iepurele este gata (165°F) și legumele sunt crocante și fragede, răsturnând iepurele după 10 minute și amestecând legumele ocazional.

70. Un fel de mâncare Iepure și cartofi dulci

Ingrediente

- ½ cană sos italian

- 3 linguri de zahar brun

- 1 linguriță de cimbru proaspăt tocat

- 1½ lb. cartofi dulci (aproximativ 3), tăiați în felii de 3/4 inci lățime

- 1 iepure tânăr (3 lb.), tăiat în 8 bucăți

Directii:

a) Încinge cuptorul la 375 °F.

b) Amestecați dressingul, zahărul și cimbru într-un castron mare.

c) Adăugați cartofii; arunca pentru a acoperi.

d) Transferați cartofii într-o tigaie de 15x10x1 inch, rezervând dressingul

e) amestecul in bol.

f) Adăugați iepure tânăr la amestecul de sos rezervat; arunca pentru a acoperi.

g) Se pune in tigaie cu cartofi.

h) Coaceți timp de 1 oră sau până când cartofii sunt fragezi și iepurele este gata (165°F).

i) Transferați iepurele și cartofii pe platou.

j) Strecurați picăturile din tigaie; se toarnă peste iepure sosul strecurat.

71. Iepure creole

Ingrediente

- 1 iepure mare, tânăr sau adult, tăiat în sferturi
- 1 cutie bulion de pui sau cub de bulion amestecat cu apa
- sau altă băutură lichidă
- 1 cutie sos de rosii sau supa
- 1 ceapa medie, tocata sau feliata
- $\frac{1}{2}$ linguriță tocată sau $\frac{1}{2}$ linguriță de usturoi pudră
- 2 lingurite sos de ardei sau ardei picant
- Sare, piper, coriandru și alte condimente la alegere

Directii:

a) Amestecați bulionul și condimentele în tocană sau oală,

b) sau tigaie.

c) Adăugați carne de iepure.

d) Gatiti incet pana este gata.

e) Sfat: Ideal pentru a servi peste orez și fasole.

72. Pulled Barbeque Rabbit

Ingrediente
- ½ cană supă de pui
- 1 iepure mai mare
- ½ cană de bere sau vin, dacă se dorește
- ½ linguriță de usturoi sau ½ linguriță de pudră de usturoi, dacă doriți
- ¼ cană ceapă tocată, dacă se dorește
- Condimente și sos pentru grătar
- 2 foi de dafin

Directii:

a) Gătiți lent toate ingredientele în lichid cu condimentele la alegere într-o oală sau tigaie până când

b) Terminat.

c) După ce este gătit până la capăt, extrageți iepurele și lăsați carnea să se odihnească (scurgeți și răciți).

d) Scoateți carnea de iepure din oase odată ce este suficient de rece pentru a fi manipulată.

e) Reveniți carnea trasă în oală sau tigaie, adăugați sos de grătar după gust.

f) Reîncălziți carnea cu sos BBQ.

73. Tacos de iepure tras

Ingrediente
- ½ cană supă de pui
- 1 iepure mai mare
- ½ cană de bere sau tequila, dacă doriți
- ½ linguriță de usturoi sau ½ linguriță de pudră de usturoi, dacă doriți
- ¼ cană ceapă tocată, dacă se dorește
- Toate condimentele/condimentele de tip mexican preferate; sau, puteți folosi un pachet comercial de amestec de taco
- 2 foi de dafin
- Scoici de taco
- Condimente: salată verde mărunțită, roșii tocate, brânză, salsa, smântână și jalapeño

Directii:

a) Gătiți lent iepurele în lichid cu ingredientele de mai sus și condimentele la alegere într-o oală sau tigaie până când este gata.

b) Se răcește după ce este gătit până la capăt. Scoateți carnea de iepure și lăsați-o să se odihnească (scurgeți și răciți).

c) Scoateți carnea de pe oase, puneți-o înapoi în oală sau tigaie și adăugați condimente după gust.

d) Reîncălziți carnea de iepure trasă.

e) Serviți după ce este bine reîncălzit.

f) Treceți la felul de servire.

g) Încărcați cojile de taco și decorați după cum doriți.

GÂSCĂ

74. Gâscă de zăpadă cu curry verde

Ingrediente
- 2 GÂȘTE DE ZAPADA, tăiate în cuburi de 1".
- 24 uncii lapte de cocos, conservat
- 2 linguri ulei
- 2 linguri sos de peste
- 1 lingurita sare
- 4 linguri frunze de coriandru, proaspăt tocate
- 3 linguri pasta de curry, verde
- 2 ardei iute verzi, proaspat tocati
- 1 lingura coaja rasa de lamaie

Directii:

a) Fierbeți jumătate din laptele de cocos și uleiul la foc mediu-mare timp de 4-5 minute, sau până când începe să se îngroașe.

b) Adăugați pasta de curry și fierbeți timp de 5 minute în timp ce amestecați constant.

c) Adăugați carnea de gâscă și gătiți la foc mediu-mare timp de aproximativ 15 minute.

d) Adăugați jumătatea rămasă de lapte de cocos, coaja de lămâie, sare și sos de pește.

e) Se amestecă până când amestecul începe să fiarbă.

f) Reduceți căldura, îndepărtați capacul și fierbeți timp de 35 de minute.

g) Adăugați ardei ierți și ierburi tocate. Se fierbe 5 minute.

75. Fajitas de gâscă de zăpadă

Ingrediente

- 1 kg de carne de GÂSĂ DE ZĂpadă, tăiată în fâșii subțiri
- 1 ardei verde
- 1 ardei rosu
- 1 ardei galben
- 1 ceapa rosie
- 4 uncii de bere sau suc de mere
- 2 linguri ulei
- 2 linguri praf de chili
- 1/2 lime, stors
- 1/4 lingurita piper cayenne
- sare si piper dupa gust
- Tortilla de făină
- salsa
- smântână

Directii:

a) Tăiați toate legumele în fâșii.

b) Încinge uleiul într-o tigaie de fontă până când devine fierbinte. Adăugați carne de gâscă și condimente.

c) Se prăjește repede până când carnea este rară, apoi se adaugă legume și se prăjește, încă la foc mare, până când legumele sunt fragede-crocante (aproximativ 3-5 minute).

d) Adăugați berea sau sucul de mere și stoarceți limea, continuați să amestecați până se amestecă bine.

e) Se servește din tigaie la tortilla și se ornează cu salsa și smântână după gust.

76. Gâscă de zăpadă în pesto

Ingrediente
- 3 kg carne de GÂSĂ DE ZĂpadă, feliată
- 3 căni de vin alb
- 3/4 cană sos pesto
- 1 linguriță de semințe de fenicul, zdrobite
- 1 linguriță de semințe de chimen
- 1 lingurita coriandru, macinat
- 1/2 lingurita zahar

Directii:

a) Marinați carnea de gâscă în vin alb peste noapte la frigider.

b) Scurgeți carnea.

c) Rumeniți carnea în tigaie electrică. Adăugați fenicul, zahăr, coriandru, chimen și pesto.

d) Se fierbe timp de 1 oră.

77. Gâscă de zăpadă prăjită

Ingrediente

- Carne de GÂSĂ DE ZĂpadă, feliată cu grosimea de 1/2".

- 1 cană sos teriyaki

- 1 cană de vin alb

- 5 lingurițe de pudră cu cinci condimente

- 3 căni de legume chinezești, feliate

Directii:

a) Pentru a face marinada, amestecați sosul teriyaki, vinul alb și praf de cinci condimente.

b) Marinați carnea timp de 2-4 ore (cu cât este mai lungă, cu atât mai bine). Scurgere.

c) Se prăjește în wok fierbinte sau tigaie neagră în ulei de susan. Adăugați legumele și prăjiți până când legumele sunt fragede-crocante.

78. Medalioane de gâscă de zăpadă

Ingrediente
- 1 piept de GÂSĂ DE ZAPADA
- 1/3 cană coniac
- 1/3 cana vin alb
- 1/3 cană smântână
- 2 linguri de unt clarificat
- făină pentru dragare
- sare si piper dupa gust

Directii:

a) Amesteca faina cu sare si piper dupa gust. Făină ușor carnea de gâscă feliată.

b) Se caleste rapid in untul clarificat la foc mediu-mare. După ce ați călit carnea, puneți deoparte într-un vas separat. (Nu găti prea mult.)

c) Deglazează tigaia cu coniacul mai întâi, apoi cu vinul. Odată ce alcoolul este ars, amestecați încet crema. Gatiti pana se omogenizeaza bine si se ingroasa.

d) Se toarnă peste carnea de gâscă sotă și se servește.

79. Friptură de gâscă de zăpadă

Ingrediente
- 2 piept de GÂSĂ DE ZĂpadă, feliați cu grosimea de 1/2'
- 1/2 cană sos pentru salată Caesar

Directii:

a) Marinați carnea peste noapte în sos pentru salată.

b) Încingeți o tigaie de teflon la maxim.

c) Pune pieptul în tigaie și prăjește suprafața cărnii.

d) Reduceți căldura și gătiți la mediu rar.

80. Gâscă de zăpadă Gumbo

Ingrediente
- 4 GÂSTE DE ZAPADA întregi, dezosate și decojite
- 1 pui întreg, tăiat cubulețe
- 4 litri de apă
- 28 uncii roșii înăbușite, conservate
- 1 kilogram de cârnați afumati, tocați
- 1 kilogram de bame, congelate, feliate
- 2 cani de ceapa alba, tocata
- 2 cani de ardei gras verde, tocat
- 1 cană ulei
- 3/4 cană făină
- 3 linguri condimente creole
- 1 lingura sos Tabasco
- 2 lingurite piper negru
- 1 lingurita frunze de sasafras, macinate fin

Directii:

a) Într-o oală mare, acoperiți puiul întreg cu apă (aproximativ 4 litri). Se fierbe până când carnea cade de pe os (aproximativ 1/2 oră).

b) Scoateți oasele și pielea și lăsați carnea de pui în bulion și păstrați.

c) Într-o tigaie mare de fier, combinați uleiul și făina, gătiți la foc mediu și amestecați continuu până se rumenește. Acesta este ceea ce cajunii numesc un roux și formează baza multora dintre alimentele lor.

d) Odată făcut roux-ul, adăugați ceapa, ardeiul verde, carnea de gâscă și cârnații afumati. Gătiți totul timp de aproximativ 10 minute. Apoi adăugați totul în oala mare cu bulion de pui.

e) Asezonați cu condimente creole, piper negru, piper cayenne și tabasco.

f) Aduceți la fierbere în timp ce amestecați, apoi lăsați să fiarbă câteva ore.

g) Adăugați roșiile înăbușite și okra. Se fierbe 15 minute. Se mai adauga putina apa daca este nevoie (nu imi place prea gros) si se fierbe pana este gata de mancat. După ce a fiert puțin, gustă lichidul pentru a vedea dacă mai e nevoie de condimente. Dacă adăugați mai mult condiment, mai fierbeți puțin pentru a amesteca aromele.

h) Cu aproximativ 5 minute înainte de a mânca, adăugați sasafrasul (pila de gumbo) și amestecați bine.

i) Resturile de gumbo îngheață bine. Luați un lot congelat în tabăra de rațe dacă nu aveți timp să petreceți gătitul. Devine mai bine pe măsură ce îmbătrânește (și mai picant)!

81. Gâscă de zăpadă din Sichuan

Ingrediente

- 2 GÂȘTE DE ZAPADA, jupuite și dezosate, fâșii de 1/4 inch grosime
- 2 oua
- 4 linguri amidon de porumb
- 2 lingurite sare
- 4 catei de usturoi, tocati
- 1 ceapa mare, tocata
- 1/4 cană supă de pui
- 3 linguri sos de soia
- 2 linguri rădăcină de ghimbir proaspătă, tocată
- 2 linguri de ketchup
- 2 linguri sos hoisin
- 2 linguri sherry sau vin de orez
- 1 lingura ardei iute, taiati cubulete
- 1 lingura zahar
- 1 lingura otet de vin rosu

- 1 lingurita de ardei iute, uscat si zdrobit

Directii:

a) Amestecă oul, sarea și amidonul de porumb într-un aluat subțire. Acoperiți carnea cu amestec.

b) Gatiti in friteuza. Scoateți, scurgeți și lăsați deoparte.

c) Se încălzește uleiul într-o tigaie mare, se adaugă usturoiul, ceapa, ghimbirul, ardeiul iute și ardeiul iute și se călesc la foc mare timp de 2-3 minute sau până când ceapa începe să se rumenească.

d) Adăugați supa de pui, sosul de soia, ketchup-ul, sosul hoisin, vinul de sherry sau de orez, oțetul de vin roșu și zahărul și amestecați la foc mediu-mare până când sosul se îngroașă.

e) Adăugați gâsca fiartă și gătiți la foc mic încă 5 minute.

82. Tocană de gâscă de zăpadă

Ingrediente

- 2 kg carne de GÂSĂ DE ZĂpadă, tăiată cubulețe

- 2 pachete linguini sau fettuccine proaspete

- 1 kilogram de creveți, mari, nefierți, curățați

- 2 cârnați italieni mari, condimentați, feliați

- 1 cană ciuperci, tocate

- 4 salote, tocate

- 1 cutie supa crema de ciuperci, condensata

- 1 ardei rosu, tocat

- 3/4 cană parmezan ras

- 1 lingurita savuros

Directii:

a) Sotește împreună carnea de gâscă și cârnații timp de 5 minute într-o tigaie.

b) Scurgere.

c) Pune supa de ciuperci într-o cratiță. Adăugați gâsca și cârnați. Se amestecă. Adaugati ciupercile, salota, ardeiul rosu si savurosul. Se amestecă. Se fierbe la foc mic.

d) Adăugați lichid (apă/vin) dacă este necesar. Dacă se folosesc ciuperci proaspete, se va genera suficient lichid. Fierbeți timp de cel puțin 30 de minute pentru a încheia gătirea și amestecarea aromelor.

e) Adăugați creveții, gătiți fără să fiarbă, încă 3-5 minute. Cu 15 minute înainte de servire, pregătiți pastele.

f) Pune pastele într-un castron mare. Se acopera cu tocanita si se presara cu parmezan.

83. Cotlet de gâscă de zăpadă

Ingrediente
- 1 Piept de gâscă de zăpadă, înjumătățit
- făină
- sare si piper dupa gust
- 1 ou
- 3/4 cani de lapte
- 1 cană biscuiți, măcinați fin

Directii:

a) Tăiați sânii pe orizontală, astfel încât să se facă trei fileuri plate, ovale, pe jumătate de piept.

b) Ungem pieptul prin făină, condimentat cu sare și piper. Bateți oul și laptele împreună.

c) Înmuiați fileul acoperit în amestecul de ou și lapte. Apoi rulați fileul în biscuiți cu sifon. Se prăjește în ulei încins până devine maro auriu și carnea s-a răcit la mediu rară (aproximativ 3 minute pe parte).

84. Gâscă de zăpadă condimentată

Ingrediente

- 4 piept de GÂSĂ DE ZAPADA, fileuți
- 8 felii de bacon
- 1 1/2 batoane unt, feliate
- 1 frunză de dafin, zdrobită
- 1 lingura condiment de pasare
- 1 lingurita patrunjel
- 1 lingurita sare
- 1 strop de piper negru
- 1 lingura de ardei iute rosu
- 1 lingura de scortisoara

Directii:

a) Preîncălziți cuptorul la 350°F.

b) Clătiți fileurile. Înfășurați slănină în jurul fileurilor și aranjați-le într-o tavă de copt tapetată cu o bucată mare de folie de aluminiu.

c) Adăugați felii de unt, presărați cu condimente și sigilați bine folie deasupra.

d) Coaceți timp de 1 1/2 oră.

85. Gâscă de zăpadă Runza

Ingrediente

- 1 kilogram de carne de GÂSĂ DE ZĂpadă, măcinată grosier
- aluat de paine, suficient pentru o paine
- 6 felii de bacon canadian, tocate marunt
- 5 căni de varză, tocată
- 1 cană ceapă, tocată
- 1 cană brânză cheddar, rasă
- 2 linguri de semințe de chimen
- 1/2 frunză de dafin, măcinată
- sare si piper dupa gust
- apă

Directii:

a) Preîncălziți cuptorul la 350°F.

b) Întindeți aluatul de pâine la 1/4 inch de aluat ridicat. Tăiați în pătrate de 6" pe 6".

c) Soteti usor carnea de gasca cu baconul. Se adauga sare si piper dupa gust.

d) Transferați din tigaie în bolul de amestecare. Căleți varza și ceapa în aceeași tigaie. Transferați în același bol de amestecare.

e) Adăugați chimen, dafin și brânză.

f) Se amestecă bine și se întinde amestecul pe fiecare dintre pătratele de aluat. Ungeți marginea aluatului cu apă sau albușuri și strângeți.

g) Coaceți la cuptor pentru 1 1/2 oră.

h) Acesta îngheață bine și poate fi pus la microunde pentru a se dezgheța și a mânca.

86. Plăcintă cu gâscă de zăpadă

Ingrediente
- picioare si sani de la 2 GÂSTE DE ZAPADA
- 4 cuburi de bulion de vita
- 2 cani de cartofi taiati cubulete
- 1 cană morcovi, tăiați cubulețe
- 1 cană apă rece
- 1/2 cană ceapă, tocată
- 1/4 cană făină
- 1 catel de usturoi
- 2 linguri sare condimentata
- 1 lingurita sos Worcestershire
- 1 coajă de plăcintă de 10 inchi, nefiertă

Directii:

a) Puneți primele 6 ingrediente într-un cuptor olandez mare și acoperiți cu apă.

b) Se fierbe până când carnea cade de pe oasele picioarelor, aproximativ 3 până la 4 ore.

c) Se lasa sa se raceasca, se scoate carnea de pe oase. Aruncați orice carne care este încă tare.

d) Tăiați sânii dacă nu s-au destrămat deja.

e) Reveniți carnea în bulionul din cuptorul olandez și adăugați legumele.

f) Gatiti pana cand legumele sunt fragede, aproximativ 30 de minute. Gustați pentru a verifica condimentele și adăugați puțină sare sau mai multe condimente după gust.

g) Se amestecă făina în apa rece, scuturând-o într-un borcan sau folosind un blender de mână. Se amestecă în umplutura de plăcintă; se fierbe si se amesteca aproximativ 2 minute.

h) Se toarnă în coajă de plăcintă nefiertă. Acoperiți cu crusta de deasupra, tăiați fante pentru a permite aburului să scape și coaceți la 425 ° F timp de 10 minute.

87. Gâscă de zăpadă hawaiană afumată

Ingrediente
- 4 fileuri de piept GÂSĂ DE ZĂpadă
- 14 uncii de ananas zdrobit, conservat
- 2 felii de bacon
- 3/4 cană sos de muștar cu miere
- 1/2 cană sos de muștar cu miere
- 3 linguri aromă lichidă de fum
- suc de la 1 lămâie
- 1/2 linguriță de usturoi sare sau pudră
- piper dupa gust

Directii:

a) Amestecați uleiul de măsline, sosul de muștar, aroma lichidă de fum, sucul de lămâie, piperul și condimentul de usturoi într-o tavă de copt puțin adâncă. Adăugați pieptul de gâscă de zăpadă și marinați timp de 18-36 de ore.

b) Preîncălziți cuptorul la 325°F.

c) Gătiți în aceeași tigaie timp de 45 de minute cu o felie de slănină de 3 inci deasupra fiecărui piept.

d) Adăugați ananasul și gătiți încă 40 de minute.

88. Cassoulet de gâscă de zăpadă

Ingrediente

- 1 kilogram de carne de GÂSĂ DE ZĂpadă, fiartă și tocată
- 1 kilogram de fasole mare de nord uscată
- Cârnați de porc de 1 kg, blând
- 1 1/2 cani de vin alb
- 1 cană ceapă, tocată
- 1/2 cană pesmet uscat
- 1/2 cană pesmet uscat
- 1/2 cana patrunjel proaspat, tocat
- 1/4 cană unt
- 2 fire de patrunjel proaspat
- 2 catei de usturoi
- 1 frunză de dafin
- 1 crenguță de cimbru proaspăt sau maghiran
- 2 lingurite sare
- 1 lingurita piper negru

Directii:

a) Înmuiați fasolea peste noapte în apă pentru a o acoperi.

b) A doua zi, se fierbe cu frunza de dafin, crenguțe de pătrunjel, crenguță de cimbru sau maghiran, sare, piper negru și un cățel de usturoi până când sunt aproape fragezi.

c) Tocați cățelul de usturoi rămas și căliți-l cu cârnați mărunțiți și ceapa tocată până când cârnații sunt rumeni.

d) Aranjați un strat de fasole fiartă în fundul unei caserole mari.

e) Se adauga un strat de carne de gasca, apoi mai multa fasole si apoi carnati.

f) Continuați să stratificați în acest fel aproape până la vârful vasului. Acum amestecați vinul și piureul de roșii și turnați peste caserolă. Deasupra cu pesmet uscat amestecat cu patrunjel si unt. Coaceți la 350 ° F până când fasolea este fragedă.

89. Caserolă cu gâscă de zăpadă și orez sălbatic

Ingrediente

- 2 căni de carne de GÂSĂ DE ZĂpadă, tăiată cubulețe
- 2 căni de apă
- 1 1/2 cani de lapte evaporat
- 1 cană ciuperci proaspete, feliate
- 1 cana castane de apa, conservate, scurse si feliate
- 1/2 cană de orez sălbatic, nefiert
- 1/2 cană migdale feliate
- 1/3 cană apă
- 1/4 cană margarină
- 1/4 cană pimiento, scurs și tăiat felii
- 3 linguri de faina
- 2 lingurițe granule de bulion de pui
- 1/2 lingurita castane de apa, conservate scurse si feliate
- 1/2 lingurita de piment

Directii:

a) Într-o cratiță, combinați 2 căni de apă, orez și sarea.

b) Se încălzește până la fierbere, amestecând o dată.

c) Acoperiți și fierbeți până când orezul este doar fraged (30-45 de minute).

d) Scurgeți și puneți deoparte.

e) Încinge cuptorul la 350°F. Ungeți 1 1/2 litru de caserolă.

f) Topiți untul, adăugați ciupercile. Gatiti si amestecati pana se inmoaie.

g) Se amestecă făina, granulele de bulion și 1/2 linguriță de sare.

h) Amestecați laptele și 1/3 cană apă.

i) Gatiti, amestecand continuu pana se ingroasa si clocotesc, aproximativ 5 minute.

j) Se ia de pe foc, se amestecă gâsca, castane de apă, orez și pimiento.

k) Se toarnă în caserolă și se presară migdale.

l) Acoperiți și coaceți timp de 30 de minute. Scoateți capacul și continuați să coaceți altul

m) 15-30 de minute, până când caserola este fierbinte și clocotită.

90. Coadă de castor mărunțită și prăjită

Ingrediente
- 1 coadă de castor
- 1 cană apă
- 1 cană oțet
- 1 ou, batut
- firimituri de pâine
- unt, ulei de grăsime pentru prăjit

Directii:

a) Coada se jupește, se spală bine, apoi se acoperă într-o oală cu apă și oțet. Fierbeți aproximativ 1 oră și jumătate sau până când se înmoaie.

b) Scurgeți carnea, care va semăna cu carnea de porc, și tăiați-o felii așa cum s-ar face la London Broil.

c) Înmuiați feliile în ou bătut și rulați în pesmet. Se prăjește până se rumenește.

BIZONI

91. Chif de carne de bizon

Ingrediente

- bizon pământ de 1 kilogram
- ¼ cană pesmet
- ½ cană bulion de vită
- 1 ou (batut)
- ¼ cană ceapă rasă
- ¼ cană parmezan mărunțit
- 1 lingura pasta de rosii
- 2 lingurite sos Worcestershire
- ¾ linguriță sare de masă
- ¼ lingurita boia
- ¼ lingurita piper negru
- ⅛ lingurita rotunjita de salvie macinata

Glazură

- ⅓ ceașcă de ketchup
- 2 linguri de otet balsamic
- 1 lingura zahar brun

Directii:

a) Preîncălziți cuptorul la 350 de grade.

b) Se sfărâmă ușor bizonul într-un castron mare și se adaugă toate ingredientele rămase pentru friptură. Lucrați împreună pentru a încorpora pe deplin.

c) Amestecați ingredientele pentru glazură într-un vas separat.

d) Pictați două linguri de glazură pe fundul unei tavi de pâine sau a unei tăvi de copt și puneți amestecul de friptură deasupra acesteia. Formați friptura într-o pâine de 2-3" grosime. Apoi pictați glazura rămasă deasupra chiflei.

e) Puneți friptura la cuptor și coaceți timp de 40 de minute, sau până când temperatura internă atinge 160 de grade.

f) Lasam sa se raceasca putin si servim.

92. Bizonul Stroganoff

Ingrediente

- 1 lb. bizon măcinat poate înlocui carnea de vită macră
- 2 conserve de supă cremă de ciuperci (aproximativ 10,5 oz fiecare)
- 8 uncii de ciuperci proaspete feliate
- ¼ cană smântână
- ½ linguriță sos Worcestershire
- 1 ceapa galbena taiata cubulete
- ½ linguriță praf de ceapă
- ½ linguriță pudră de usturoi
- ½ linguriță boia
- sare si piper dupa gust
- Pentru servire
- ½ lb. tăiței de ou gătiți și scurși

Directii:

a) Începeți prin a aduce o oală cu apă la fiert. Adăugați tăițeii cu ou și gătiți conform instrucțiunilor de pe ambalaj. Scurgeti si puneti deoparte.

b) Apoi, rumeniți-vă bizonul măcinat (până nu rămâne roz) cu usturoiul, ciupercile și ceapa. Scurgeți orice grăsime.

c) Adăugați în conserva supele de ciuperci, sosul Worcestershire și smântâna.

d) Se presara praful de ceapa, boia de ardei si ceapa. Se amestecă bine apoi se fierbe timp de aproximativ 15 minute.

e) Serviți peste tăiței cu ou.

93. Orez murdar de bizon

Ingrediente

- 1 tulpină de țelină bio, tocată
- 1 ceapa mica, tocata
- 1 ardei gras verde, tocat
- 1 lingurita ulei de masline
- sare si piper proaspat macinat
- bizon pământ de 1 kilogram
- 1 lingură condiment cajun
- 2 cani de orez basmati (nefiert)
- 4 cesti supa de vita
- 1 linguriță sos GF Worcestershire
- 1 frunză de dafin
- Sos iute GF

Directii:

a) Adăugați țelina tocată, ceapa, ardeiul verde și EVOO într-un cuptor sau o cratiță olandeză de 3,5 litri. Adăugați un praf de sare și piper. Gatiti la foc mediu aproximativ 5 minute, amestecand din cand in cand.

b) Adăugați bizonul măcinat și condimentele Cajun la amestecul de legume. Gătiți bine carnea, aproximativ 5-7 minute.

c) Se ia oala de pe foc si se adauga orezul nefiert. Se amestecă orezul în amestec, astfel încât să fie bine încorporat. Adăugați bulionul de vită, frunza de dafin și sosul Worcestershire. Întoarceți cuptorul olandez pe aragaz.

d) Aduceți la fiert amestecând din când în când, apoi acoperiți și reduceți focul la mic. Gatiti pana este gata, aproximativ 18 minute.

e) Scoateți frunza de dafin. Testați gustul pentru sare și serviți cu sosul preferat fără gluten.

94. Bizoni macinati si tocanita de legume

Porții: 5-6

Ingrediente

- 1 lb. bizon de pământ
- 1-2 linguri ulei de avocado
- 3 morcovi mari (2 cesti), tocati
- 3 tulpini de telina (1 cana), feliate
- 2 cartofi dulci albi mari (2 cesti), tocati
- 1/2 linguriță sare
- 2 lingurite de turmeric
- 3 cesti supa de pui
- 1 1/2 cani de dovleac butternut, piure
- 3 cani de varza varza, tocata
- Pătrunjel proaspăt, topping (opțional)

Directii

a) Încinge o tigaie mare la foc mediu și adaugă bizonul măcinat, rupându-l în bucăți. Odată ce carnea s-a terminat de gătit, scoateți din tigaie și lăsați-o deoparte.

b) Încinge uleiul de avocado într-o oală mare la foc mediu. Odată fierbinte, adăugați morcovii și țelina tocate. Se calesc timp de aproximativ 8 minute.

c) Adăugați cartofii dulci albi, sarea și turmericul și combinați ingredientele. Continuați să gătiți ingredientele la foc mediu, amestecând periodic, încă 10 minute sau până când legumele s-au înmuiat puțin.

d) Adăugați bulionul, piureul de dovleac, kale și bizonul. Se amestecă toate ingredientele și se lasă la foc mic-mediu, lăsând tocanita să fiarbă aproximativ 30 de minute.

e) Odată ce tocanita este gata, se servește cald și se adaugă cu pătrunjel proaspăt, dacă se dorește.

95. Tigaie de zimbri

Ingrediente

- 1 lb. bizon de pământ
- 3 linguri de usturoi tocat
- 1 ceapa mica, taiata cubulete
- 1 cana ierburi proaspete tocate (ne place arpagicul, patrunjelul si oregano)
- 2 căni de sparanghel, tăiate în bucăți mari
- 2 cesti de broccoli, taiate in buchete mici
- $\frac{1}{4}$ cană ulei de avocado
- 6 căni de verdeață amestecată, împărțite în două farfurii
- Sare si piper dupa gust

Directii

a) Pulsați ierburile proaspete într-un robot de bucătărie până când sunt tocate. Adaugati jumatate de ierburi intr-un bol, adaugati zimbri, usturoi si jumatate de ceapa, sare si piper si amestecati bine. Se formează chiftele.

b) Încinge uleiul de avocado într-o tigaie la foc mediu-înalt. Adăugați chiftele, restul de ierburi tocate, ceapa, usturoiul, sparanghelul, broccoli și orice alte legume și gătiți până când se înmoaie, întorcându-le adesea să se rumenească pe toate părțile.

c) Împărțiți salata verde în două farfurii. Puneți deasupra legumele și chiftelele și serviți.

96. Friptura Salisbury

Ingrediente

- 1 kilogram de carne tocata: vita, bizon, pui sau curcan
- 1 ceapa galbena mica rasa sau tocata marunt
- ½ lingurita de usturoi tocat
- 1 lingurita patrunjel uscat
- 1 lingurita praf de usturoi
- ¼ linguriță de sare Kosher
- ¼ lingurita piper negru
- ¼ cană pesmet panko, obișnuit, pesmet de biscuit; obișnuit sau fără gluten
- 1 ou
- 1 cană de făină universală (amestec obișnuit sau fără gluten)
- ¼ de cană de ulei de arahide sau ulei de șofrănel
- 2 cani de ciuperci feliate
- 1 ceapă galbenă mare feliată

Pentru sos:

- 2 linguri Unt sau ghee sau unt fără lactate

- 2 linguri de făină universală (amestec obișnuit sau fără gluten)

- 2 cesti Stoc

- Sare si piper dupa gust

Directii

a) Într-un castron mare, combinați carnea tocată, ceapa rasă, usturoiul tocat, pătrunjelul, pudra de usturoi, pesmetul, ouul, sare și piper.

b) Formați amestecul în chifteluțe alungite (aproximativ $\frac{3}{4}$ inch grosime) și puneți-le deoparte pe o farfurie. De asemenea, pot fi făcute mai mici în 6 chifteluțe în total.

c) Adăugați făina într-un bol puțin adânc și asezonați cu sare și piper.

d) Puneți o tigaie mare la foc mediu spre mediu-mare pe arzătorul aragazului și adăugați uleiul. SFAT: când suprafața uleiului se ondula, este fierbinte și gata.

e) Ungeți ușor fripturile Salisbury în făină, apoi coborâți-le cu grijă în uleiul fierbinte folosind o spatulă.

f) Gătiți fripturile timp de 4-5 minute pe fiecare parte, până când se rumenesc și devin crocante și gătite prin mijloc. Temperaturi interne: carne de vită și bizon 160 grade F. Pui și curcan 165 grade F.

g) Scoateți fripturile fierte din tigaie, apoi puneți-le pe o farfurie și acoperiți-le cu folie pentru a se menține cald.

h) În aceeași tigaie, adăugați ceapa și ciupercile. Gatiti pana ce ceapa s-a inmuiat si a inceput sa se carameblizeze, iar ciupercile se inmoaie, amestecand des.

i) Scoateți ceapa și ciupercile fierte și puneți-le cu lingura peste fripturile Salisbury.

Pentru sos:

j) În aceeași tigaie de gătit, topiți untul.

k) Se amestecă făina și se fierbe timp de un minut sau până când se formează o pastă și începe să clocotească.

l) Se amestecă bulionul și se bate până se îngroașă și se încălzește peste tot.

m) Se condimenteaza cu sare si piper dupa gust.

n) Turnați peste fripturile de pui sau într-un sos înainte de servire.

o) Serviți și bucurați-vă!

MARINADE

97. Sos Hunter

Ingrediente

- ½ c. jeleu de coacăze roșii
- ¼ c. catsup
- ¼ c. porto sau alt vin roșu dulce
- ½ t. Worcestershire

Directii

a) Aproximativ 10 minute înainte de servire: într-o cratiță mică, la foc mic, gătiți toate ingredientele, amestecând constant, până când se topește omogen și jeleul.

b) Serviți cu orice vânat sau păsări sălbatice. Face 1 cană de sos, suficient pentru 8 porții.

98. Marinadă pentru vânat

Ingrediente

- 2 c. vin roşu sec
- 2 T. ulei de salată
- 2 t. sare
- 1 t. piper măcinat grosier
- ¼ t. frunze de cimbru
- 2 cepe medii, feliate subţiri
- 1 catel de usturoi

Directii

a) În oală sau cuptor olandez, amestecaţi toate ingredientele; adăugaţi căprioară sau alt vânat; se acopera si se da la frigider peste noapte.

99. Minunata Marinada

Ingrediente

- O marinadă bună pentru vânat sălbatic sau carne de vită:
- 1 cană ulei de salată
- Suc de lamaie sau 4 T. vin
- ½ t. praf de usturoi
- ½ t. mustar uscat
- ½ t. piper Worcestershire
- 4 T. sos
- 2 T. catsup
- Dash of Tabasco

Directii

a) Se amestecă toate ingredientele în borcan; scutura.

b) Se toarnă peste carne şi se lasă la marinat timp de 24 de ore. Se prăjesc la cuptor sau peste cărbune.

100. Dip dulce-fierbinte pentru carne de căprioară

Ingrediente

- Sare si piper
- 1 T. sunca cajun afumata tocata
- 1 T. fiecare: boabe de piper roșu și verde
- 2 T. Coniac
- 1 cană smântână pentru frișcă

Directii

a) Amesteca

CONCLUZIE

Când oamenii vorbesc despre consumul de carne, imaginile care de obicei vin în minte sunt carnea de vită, curcan, pui, porc sau miel. Cu toate acestea, există o categorie de carne de la animale nedomesticate - carne de vânat - care poate fi găsită și în piețele și restaurantele din apropiere. Deși reprezintă doar o mică parte a pieței, popularitatea lor este în creștere.

Ai vânat sălbatic - acum, cum îl gătești? Această carte de bucate vă va echipa cu cele mai bune și mai ușoare mâncăruri din carne de vânat!

www.ingramcontent.com/pod-product-compliance
Lightning Source LLC
Chambersburg PA
CBHW070510120526
44590CB00013B/798